物流从业人员职业能力等级认证培训系列教材

商贸物流管理

（第 4 版）

刘　军　编著

中国财富出版社

图书在版编目（CIP）数据

商贸物流管理/ 刘军编著 . —4 版 . —北京：中国财富出版社，2020. 3
（物流从业人员职业能力等级认证培训系列教材）
ISBN 978 - 7 - 5047 - 7042 - 4

Ⅰ. ①商… Ⅱ. ①刘… Ⅲ. ①物流管理—技术培训—教材 Ⅳ. ①F252. 1

中国版本图书馆 CIP 数据核字（2019）第 229103 号

策划编辑	张　茜	**责任编辑**	邢有涛　郭小草		
责任印制	尚立业	**责任校对**	孙丽丽	**责任发行**	敬　东

出版发行	中国财富出版社		
社　　址	北京市丰台区南四环西路 188 号 5 区 20 楼	**邮政编码**	100070
电　　话	010 - 52227588 转 2098（发行部）		010 - 52227588 转 321（总编室）
	010 - 52227588 转 100（读者服务部）		010 - 52227588 转 305（质检部）
网　　址	http://www. cfpress. com. cn		
经　　销	新华书店		
印　　刷	中农印务有限公司		
书　　号	ISBN 978 - 7 - 5047 - 7042 - 4/F · 3096		
开　　本	880mm×1230mm　1/16	**版　　次**	2020 年 3 月第 4 版
印　　张	12. 25	**印　　次**	2020 年 3 月第 1 次印刷
字　　数	276 千字	**定　　价**	49. 00 元

物流从业人员职业能力等级认证培训系列教材

编写委员会

编写说明

《商贸物流管理》是物流从业人员职业能力等级培训中的一个重要模块。在掌握货物运输和仓储管理等基础模块之后，物流从业人员还应从物流运作的全过程视角进一步了解和掌握物流服务的主要特征、运作模式和具体内容。作为物流从业人员职业能力等级培训进阶的专业知识模块，《商贸物流管理》主要讲述商品流通过程中相关物流活动的计划、组织、协调和控制。

信息技术在社会经济领域的广泛应用，推动社会生产、流通和消费领域发生了深刻变革，新技术不断催生新业态、新模式。在供应链与物流管理创新思想的引导下，物流服务与制造业、流通业间的边界也日渐模糊。随着销售环境和物流环境的变革，作为销售和物流的交叉领域，传统的销售物流所涵盖的业务范围也发生了较大的变化。因此，本次培训教材修订将原《销售物流管理》模块变更为《商贸物流管理》，在保留原销售物流管理主要内容的基础上，重新构建了各单元的知识体系，以适应商贸物流领域最新的发展情况。

由于企业销售行为的重心从“产品导向”向“客户导向”转变，客户购买行为的个性化特征也日渐凸显，这些变化给商贸流通渠道和商贸物流服务带来了极大的挑战。在新的市场环境下，厂家需要以最快的速度对客户的购买需求和评价做出反应，这使得物流服务越来越成为商贸流通中的关键角色。为保证上下游企业之间提高反应速度，物流活动的组织实现无缝衔接，商贸物流管理中越来越多地应用了供应链管理思想。因此，本次教材修订突出强调了供应链管理思想和方法对商贸物流管理各环节的影响和作用。如在市场需求预测中提出了牛鞭效应的影响，在物流网络规划中讲到了共同配送的组织，在订单管理中强调了订单的管理流程，在库存管理中引入了协同库存管理和协同规划、预测和补货，在配送管理中也突出了配送订单分类处理的重要性。

本模块首先介绍销售物流管理必须掌握的基本内容，共 5 个单元，分别为需求预测、物流网络规划、客户服务与订单管理、库存管理、配送与外包管理。这些内容与《仓储与配送实务》《运输管理实务》《物流企业运营管理》及《生产物流管理》等模块的有些内容略有交叉。对于这些内容，本模块更注重从供应链管理的视角进行阐述，更注重介绍该业务对商贸物流活动整体的影响，业务操作的具体内容则更多的是在相关模块中体现。在此基础上，针对商贸物流领域的新变化，本次修订还新增了逆向物流管理和电商物流管理两个单元。最后补充介绍了农产品、钢铁、冷链、医药和危化品 5 类商品商贸流通过程中物流管理的主要特点。

《商贸物流管理》作为物流从业人员职业能力等级的中级培训模块，主要为物流企业中的基层和中层管理人员以及在校学生提供商贸物流管理和实务操作方面的指导，帮助培训对象比较系统地了解商贸物流体系的主要脉络、基本特点和运作模式。因此，编写过程中亦遵循了系列教材中应用导向的基本原则。为尽量避免和学历教育所用教材内容重叠，本模块精简了传统商贸物流、销售物流等教材中对知识点背景介绍和推理分析，并将这些内容归纳到了解和理解的范围。同时，对于知识点的实操运用方法和条件，则作为重点内容详细介绍并要求掌握。希望本模块能成为商贸物流管理从业者工作中重要的参考书和操作指引。

本模块的再版得到了中国物流与采购联合会何黎明会长、任豪祥副会长的关心和大力支持。编写过程中，在中国物流与采购联合会培训部的精心组织和协调下，编写组的各位专家也对本模块的内容提出了许多宝贵的建议。特别是主编史文月老师对本模块内容框架体系的形成，提出了方向性的宝贵意见。在此一并表示由衷的感谢！

随着“互联网+”在生产流通领域应用的不断深入，商业模式层出不穷，商贸物流管理的发展也日新月异。不同时期、不同地域、不同行业中商贸物流的管理与操作方式也不尽相同，本模块中的不当之处，敬请读者批评指正。

刘　军

2019 年 3 月

目　录

单元1　概　述

单元2　需求预测

单元3 物流网络规划

单元4 客户服务与订单管理

单元5 库存管理

单元 6　配送与外包管理

单元 7　逆向物流管理

单元8　电商物流管理

单元9　大宗商品物流管理

单元1
概　述

单元2
需求预测

单元3
物流网络规划

单元4
客户服务与
订单管理

单元5
库存管理

单元6
配送与外包管理

单元7
逆向物流管理

单元8
电商物流管理

单元9
大宗商品
物流管理

单元1　概　述

本单元学习目标

通过学习本单元，你应该能够：

1. 掌握商贸物流的概念、特征及主要内容；
2. 了解商贸物流在经济社会运行中的地位和作用；
3. 理解商贸物流环境的发展变化和主要的商品销售模式；
4. 掌握商贸物流管理的目标和主要内容。

1.1 商贸物流的内涵

1.1.1 商贸物流的定义

20世纪80年代之前，物流对应的英文词汇是Physical Distribution（PD）。美国营销学会在20世纪50年代就将物流定义为：物流（PD）是对从生产阶段到消费领域或利用阶段物资的移动和货物处理活动的管理。彼时，物流即是一个与商业流通相对应的概念，反映流通的一个侧面。

20世纪80年代之后，随着物流管理领域的扩大，出现了Logistics概念，Logistics同样被翻译成“物流”。但Logistics涵盖了企业物流的各个领域，它将不同领域或者不同部门的物流活动作为一个整体来看待。因此，美国物流管理协会对Logistics的定义为：物流（Logistics）是为满足消费者需求而进行的对原材料、半成品、最终产品及相关信息从起始地到消费地的有效流动与存储的计划、实施与控制的过程。

综合PD与Logistics的定义，本书对商贸物流定义如下：商贸物流主要是指商品销售过程中的物流活动。具体是指产品经过包装、装卸搬运、储存、流通加工、运输、配送，最终送到用户或者消费者手中的物流活动。

近年来，在可持续发展理念指导下，逆向物流在商贸物流活动中的重要性不断提升。因此，本书也介绍了逆向物流管理的基本情况。

1.1.2 商贸物流的主要内容

（1）运输和配送：企业的产品只有通过运输和配送最终才能到客户手里。采用企业对消费者（Business to Customer，B2C）模式的电商企业、大型家电企业和家具企业等一般需要以快递或宅配的方式直接将货物送达消费者手中。运输成本和配送成本在商贸物流成本中占据着较大比重，运输与配送的方式、运输工具的选择、配送的批量等直接关系物流费用的控制。

（2）产品存储：销售过程中为了保证产品的可得性或其他增值服务需求而必需的物流操作环节。

（3）装卸搬运：物流过程中不可缺少的环节，在物流过程中，装卸搬运的次数越少越好，装卸搬运的方式直接影响物流作业效率、对残次商品的控制和成本。

（4）产品包装：既要充分考虑运输、仓储等过程中空间的利用，以及存储保护及搬运的可操作性，又要满足促销的需要并考虑便利性的捆绑包装等活动。

（5）流通加工：在流通过程中，为满足客户需要和促销需求等进行的必要的二次加工，如切割，将水果蔬菜装袋和分级等。

（6）客户服务：企业建立物流服务网络，便于客户进行货物跟踪、电子订货、运价咨询、业务查询、售后咨询等。减少中间环节可以提高客户服务水平。在产品趋同的情况下，客户服务的便捷与否直接影响着客流量的大小。

（7）物流网络规划与设计：企业需要根据整体销售战略和需求规划设计相应的物流网络。一个好的物流网络能够保证高效、低成本、低库存的优质物流服务，促进企业的销售。

（8）物流信息管理：物流信息产生于物流业务的各个环节，又作用于物流业务。通过对物流信息的采集、处理分析和应用，可以对涉及物流活动的人员、技术、工具等要素进行有效的管理和配置，达到提高效率、降低成本的目的。

（9）逆向物流管理：在产品销售过程中，企业需要接受不合格产品的返修、退货以及周转使用的包装容器。这些从需方返回供方所形成的物品实体流动是物流的反向流动过程。逆向物流管理在提升企业竞争力方面正起着越来越重要的作用。

1.1.3 商贸物流在全社会物流活动中的地位

商贸物流是产品从生产者向消费者转移过程中不可缺少的环节，发挥着纽带和桥梁作用。它是企业（生产企业、流通企业）赖以生存和发展的条件，产品只有通过商贸物流才能最终实现自身的价值。

从生产企业的视角看，商贸物流是企业物流活动中的一个重要环节。人们通常将生产企业的物流划分为采购物流、生产物流、厂内物流、回收物流等。商贸物流与企业的生产物流衔接，与企业的销售系统配合，为完成销售任务提供保障。

从流通企业的视角看，销售活动是流通企业的核心，流通企业物流管理是指对处于销售环节的商品的实物流通网络进行整体规划，合理组织商品的采购、运输和储存，对客户的购买需求做出快速反应，为客户提供适宜的物流客户服务，同时有效控制物流成本。

1.2　商贸物流环境的变化

在流通和消费领域深刻变革的背景下，商贸物流作为销售和物流的交叉领域，正面临着销售环境和物流环境变革的双重挑战。

1.2.1　销售环境的变革

（1）消费者购买行为发生变化。

随着从卖方市场到买方市场的转变，消费者作为引导市场变革的驱动力，其消费行为发生了巨大的变化。

一是消费者从价格敏感型向时间和服务敏感型转变。消费者的视线开始从商品的价格和质量转向商品附带的额外服务，消费者购买的不仅仅是有形的商品，更多关注的是无形的服务，如购物的便利性、企业对客户需求的反应时间等。

二是消费者从店铺购买转向无店铺购买。各种直销体验、邮购及会议营销等销售模式对人们的消费行为产生了巨大影响；信息技术的成熟和普及、互联网营销的介入更是掀起了人们网上购物的热潮。

三是消费者的个性化需求日益凸显。人们对商品的品种花样要求越来越多，消费者定制化趋势日益明显。

这些变化对商贸物流服务提出了两方面的挑战：一方面，要求物流服务对消费者需求的反应时间更具柔性，以适应小批量、多频次的个性化物流需求；另一方面，要求销售渠道升级物流系统，进行物流模式的创新和变革，以适应新的销售模式对物流服务的要求。

（2）企业销售重心发生变化。

一是销售的重心从“产品导向”向“客户导向”转变。在传统的“产品导向”市场环境下，物流是生产活动的附属工具。在新的市场环境下，企业需要以最快的速度对客户的购买需求和评价做出反应。这使得物流成为供应链中的关键角色，并成为企业取得市场竞争优势的重要手段。

二是销售重心开始从传统的4P营销要素向物流要素倾斜。新的环境下，产品、价格、促销、渠道给企业创造竞争优势的空间在不断缩减，物流客户服务发挥的作用越来越突出。物流服务已逐渐成为企业差异化战略的一个撒手锏。

（3）渠道结构发生变化。

一是向扁平化转变。在竞争日益激烈的市场环境中，企业需要删除渠道中没有增值和影响反应时间的环节，使渠道变得更有效率。电子商务的兴起给传统渠道带来了前所未有的冲击。

二是渠道成员关系从交易型转向合作伙伴型。渠道成员开始强调战略协同和信息的双向沟通与共享，形成以双赢为导向、无缝衔接的合作伙伴关系。这种合作伙伴关系使物流活动的重要性不断增加。

三是渠道重心下移。主要表现在渠道重心从“一二级城市”向“中小城市、农村”下降。在市场日趋饱和、竞争激烈的情况下，生产企业（特别是消费品生产企业）开始把触角伸向中小城市和农村市场。

1.2.2 商贸物流发展环境的变革

（1）物流信息、网络技术快速发展。

20 世纪 80 年代以来，物流信息快速发展，这使得物流相关数据可以在整个销售渠道中快速、及时地传输和共享。在销售领域，以信息共享为基础的单品管理的引入、供应商管理库存（Vendor Managed Inventory，VMI）的实施和配送过程的可视化监控等极大地提高了物流效率。

（2）引入供应链管理思想。

供应链管理思想强调上下游企业之间的物流活动的无缝衔接。物流直接接触终端客户，担负着完成供应链末端物流和实时反馈客户信息的双重任务。现代企业只有构建基于供应链的物流系统，才能确保在第一时间将新产品推向市场，满足消费者对产品的个性化需求。

（3）第三方物流快速兴起。

物流面对的终端客户往往具有批量小、区域分散的特点，企业自营物流会造成极大的资源浪费。第三方物流既能节约渠道资源，又能提供专业化、低成本的物流服务。

（4）物流共同化趋势上升。

物流共同化是指建立企业间的物流合作体系，以解决单一企业对物流系统投资不经济或低效率等问题。在物流环节，共同化物流系统可以最大限度地利用有限资源并且可以降低风险和运营成本。

1.2.3 常用销售模式

销售模式直接影响着商贸物流的规划布局和运作管理。目前运用较多的销售模式主要有直销、代销、经销、分销和网络销售（电子商务）等。

（1）直销模式是指生产企业直接将商品销售给消费者，不通过中间的流通企业，如安利、戴尔等的销售模式。

（2）代销模式是指代理商没有商品所有权，只是促成交易，从中赚取佣金。

（3）经销模式是指经销商从企业购买商品，并转手销售给下一级消费者，从而赚取利差。经销商拥有产品实际所有权，通过自己的经营获得利润。

（4）分销模式更加注重计划和渠道的发展以及客户服务。

（5）网络销售（电子商务）模式是指在开放的网络环境下，基于浏览器/服务器应用方式，买卖双方不谋面而进行的各种商贸活动。

网络销售不同于传统意义上的销售，具体体现在以下几个方面：

①网络销售有企业对企业（Business to Business，B2B）、企业对消费者（Business to Customer，B2C）、消费者对消费者（Customer to Customer，C2C）等多种销售模式；

②销售者将产品介绍、照片、价格、付款方式、送货要求等信息放置在网络上，不通过样品或货架商品进行展示；

③消费者在网络上完成订单和送货预约，在收到货物之前无法直接见到产品，网络销售很重要的任务是建立消费者信任；

④网络销售的退货比一般销售渠道的退货更为复杂，特别是B2C销售模式的退货；

⑤付款方式除传统的货到付款外，还有网上信用卡、支付宝、微信等新的付款方式；

⑥网上销售货物的配送一般采用快递方式完成。

1.3　商贸物流管理的内容

1.3.1　商贸物流管理的目标

商贸物流管理是为达成既定目标，对商贸物流全过程进行的计划、组织、协调和控制。其目标是保证商贸物流活动有效合理运行，既扩大市场、提高客户服务水平，又降低成本、提高物流工作效率。

1.3.2　商贸物流管理的主要内容

（1）物流客户服务管理：掌握客户需求动态，根据客户的要求和企业营销战略，确定物流服务水准，为客户提供恰当的物流服务。

（2）需求预测管理：需求预测是对产品流量的一种预示或者估计，是制订物流运作计划以及进行库存管理的基础。

（3）物流信息管理：物流信息在相关部门之间的流动传递是提高物流作业效率、实现物流系统化的关键环节。

（4）物流网络节点布局规划：根据物流合理化和客户服务的要求，确定物流的节点和位置，包括商店、仓库和配送中心等。

（5）库存控制：在保障供应的前提下，为使库存商品最少而进行的有效管理的技术经济措施。

（6）订单处理：接受订货信息，按照订单组织进货。

（7）售后服务：为已售出的商品提供配件服务以及维修服务。

（8）商品采购：根据销售计划和库存状况，向生产部门或上游供应商下补充库存订单。

（9）运作环节管理：对包装、装卸搬运、运输、仓库保管、流通加工和配送等运作环节进行管理。

（10）退货和废弃物回收管理：将不合格货物和多余货物退换给供货部门，对物流过程中的废弃物进行有效回收再利用。

1.4 各单元主要内容

1.4.1 概述

本单元介绍商贸物流的内涵和主要内容、商贸物流的地位、商贸物流环境的变化以及商贸物流管理的目标和主要内容。

1.4.2 需求预测

本单元介绍物流需求预测的定性、定量预测方法和流程以及预测误差分析，并重点介绍牛鞭效应的形成与规避方法。

1.4.3 物流网络规划

本单元介绍物流网络规划的原则、影响因素和物流信息系统的构成，重点介绍了物流网络规划布局的方法。

1.4.4 客户服务与订单管理

本单元介绍物流客户服务的主要内容、物流渠道的选择和维护，重点介绍了订单管理的流程和注意事项以及客户服务绩效评价和度量。

1.4.5 库存管理

本单元介绍库存管理的内涵和主要内容以及安全库存和订货策略，详细介绍了库存管理的原理和方法及基本的补货原理，介绍了协同库存管理方法。

1.4.6 配送与外包管理

本单元介绍配送战略的选择、配送线路的规划以及配送过程中涉及的主要问题，并结合行业特征介绍了流通加工的地位作用和主要类型，最后介绍物流服务商的选择与管理方法。

1.4.7 逆向物流管理

本单元介绍逆向物流管理的特点，逆向物流系统的设计，分别介绍了制造企业和商业企业回收物流管理的模式和实现路径，并介绍了包装物回收的解决方案。

1.4.8 电商物流管理

本单元介绍电子商务（可简称为电商）物流服务组织模式和电商供应链管理的基本内容以及电子商务信息技术，并专门介绍跨境电商的物流服务方式、跨境支付与通关模式等。

1.4.9 大宗商品物流管理

本单元介绍鲜活农产品、钢铁、冷链、医药、危化品等代表性大宗商品物流管理的主要特点和运作模式。

1.5 小结

本单元首先介绍了商贸物流的定义和主要内容，界定了商贸物流在社会物流系统中的地位和作用。接下来从销售环境、物流环境两个方面介绍了商贸物流环境的变化，并简要介绍目前常用销售模式。在介绍商贸物流管理主要内容的基础上，介绍了本书各单元的主要内容。

本单元需要重点掌握的内容是：商贸物流的定义和主要内容；常用的销售模式；商贸物流管理的目标。本单元需要重点理解的内容是：商贸物流在社会物流体系中的地位和作用；销售环境和商贸物流环境的变革。

思考题

1. 商贸物流主要包括哪些物流活动？
2. 商贸物流在生产企业和流通企业中所起的作用有何不同？
3. 卖方市场转向买方市场后，顾客购买行为有何变化？企业如何应对？
4. 常用销售模式有哪些？

单元1
概　述

单元2
需求预测

单元3
物流网络规划

单元4
客户服务与
订单管理

单元5
库存管理

单元6
配送与外包管理

单元7
逆向物流管理

单元8
电商物流管理

单元9
大宗商品
物流管理

单元 2　需求预测

本单元学习目标

通过学习本单元，你应该能够：

1. 了解市场需求的基本特征，需求预测的类型和流程；
2. 了解大数据预测的主要特征和基本方法；
3. 掌握市场需求预测定性分析的基本方法；
4. 掌握市场需求预测定量分析的基本方法；
5. 理解需求预测的误差与监控；
6. 理解牛鞭效应的形成与规避方法。

2.1 市场需求预测

2.1.1 市场需求的特征和可测性

需求预测是指预估未来一定时间内整个产品或特定产品的需求数量和需求金额。需求预测是企业制订战略规划、生产安排和销售计划的重要依据，是企业物流管理的重要环节。只有准确把握市场需求，企业才能按照客户的要求，在适当的时间，向客户提供恰当的商品和服务，从而适应市场的迅速变化和激烈的竞争。

需求可能是间断的，也可能是连续的。间断性需求无法预测，连续性需求则可以利用历史数据对未来需求进行预测。

连续性需求通常有以下四种表现形式，即趋势性、周期性波动、季节性变化和随机性变化。如表 2-1 所示。

表 2-1　　连续性需求的四种表现形式

表现形式	含义
趋势性	通常反映了一种连续的发展方向，可能是恒定不变的，也可能是持续增长或减少，但在长时期内，这种趋势有可能发生变化
周期性波动	需求随着商业周期和产品生命周期等因素的变化，呈现出周期性的增长或降低的趋势
季节性变化	受季节因素影响，需求在一段时间内（天、周、月等）呈现高于或低于平均水平的情形。导致此种变化的主要因素有天气情况，经常性事件如节假日、财政年度的开始或结束等
随机性变化	需求因受许多未知因素的影响而发生不规则变化。需求预测的方法主要针对的是需求变化的规律，而不是偶然性的随机变化

2.1.2 需求预测的类型和流程

按时间跨度，需求预测可以分为短期需求预测、中期需求预测和长期需求预测。

短期需求预测：预测时间通常少于 3 个月，主要用于补货、工作安排等；

中期需求预测：预测时间通常为 3 个月到 3 年，用于制订销售、生产计划和预算等；

长期需求预测：预测时间通常为 3 年以上，用于新产品的规划、资本支出、生产安排等。

需求预测必须将短期需求预测或生产进度安排与长期战略性需求预测有机结合起来。准确的短期需求预测和对变化的快速反应可以大幅度地削减库存，帮助企业掌握销售变化趋势。

长期需求预测主要是围绕企业的长远发展战略及市场的需求发展趋势进行，如经济发展形势、行业趋势预测等。

企业需求预测的过程如图 2-1 所示。

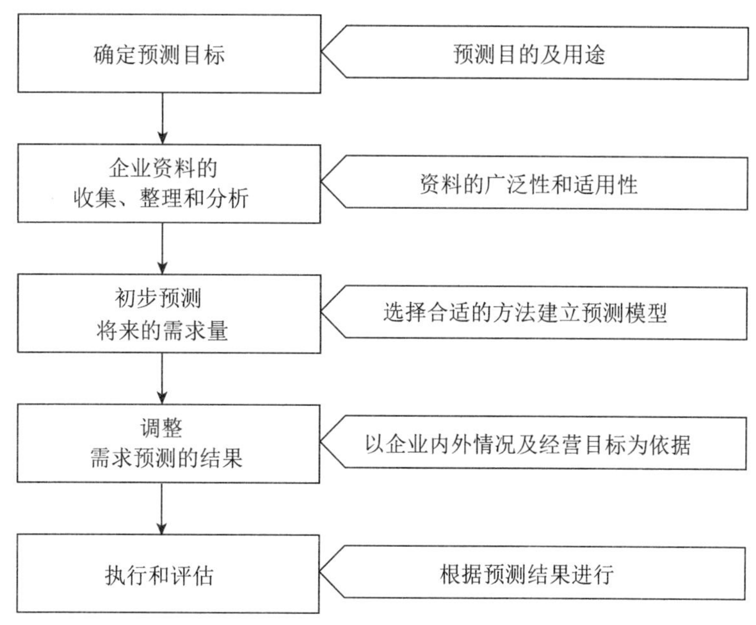

图 2-1 企业需求预测的过程

（1）确定预测目标。

主要围绕以下几个方面进行：预测的目的是什么？将如何被使用？是否用于企业计划进入的市场？是否需要体现对现金的控制？是否能满足指导生产和物流工作的要求？

（2）企业资料的收集、整理和分析。

收集企业资料时要注意广泛性和适用性，并对其进行鉴别和整理。所收集的资料可分为历史资料和现实资料。历史资料是指预测以前各观察期的各种相关的市场资料，反映了市场或者影响市场的各种重要因素的历史状况和发展变化规律；现实资料是指预测者根据需要对市场进行调查的结果，也包含各调查机构现有的资料。

（3）初步预测将来的需求量。

在对市场和各影响因素之间关系进行分析以及对二者变化发展规律的特点进行分析的

基础上，选择合适的预测方法，建立预测模型。

（4）调整需求预测的结果。

需要依据企业内外部的情况和经营目标对预测结果进行相应的调整，确保符合现实情况。

（5）执行和评估。

根据需求预测结果进行物流各环节的工作，并进行后续反馈评估。

此外，需求预测还要考虑：国家经济与商业环境；经济、人口、社会；相关行业的市场潜力；竞争及法律；影响企业市场占有率的相关因素；消费者偏好等。

2.2 定性预测方法

2.2.1 集合意见法

（1）集合意见法简介。

集合意见法是集合企业内部经营管理人员的意见，凭借他们的经验和判断，共同讨论市场趋势的一种市场预测方法。

由于经营管理人员比较熟悉市场需求及其变化动向，他们的判断往往能反映市场的真实趋向。因此，它是进行短、近期市场预测常用的方法。

（2）集合意见法的组织形式。

集合意见法有多种组织形式，可归纳为三种：

①集合经营与管理人员意见；

②集合业务人员意见；

③集合业务操作人员意见。

（3）集合意见法预测步骤。

第一步，预测组织者根据企业经营管理的要求，向相关人员提出包括预测项目和预测期限等的要求，并尽可能提供有关资料。

第二步，相关人员根据预测要求及掌握的资料，凭个人经验和分析判断能力，提出各自的预测方案。

第三步，预测组织者计算相关人员的预测方案的数学期望值。数学期望值等于各种可能状态主观概率与状态值乘积之和。

第四步，按人员类别，分别计算各类人员的综合期望值。综合方法一般是采用平均数、加权平均数统计法或中位数统计法。

第五步，确定最终预测值。预测者可先给出各类人员的权值，然后计算加权平均数作为最终预测值。

例：运用集合意见法进行销售预测。

某零售企业为了制订某产品补货计划需求，保证产品供给，要求经理甲和业务科人员、计划科人员、财务科人员及销售人员甲对该产品下月销售量进行预测。

假定经理类权数为4，科室人员类权数为3，销售人员类权数为2。

各类人员的预测方案如表2-2至表2-4所示。

①计算各预测人员的方案期望值。

方案期望值等于各种可能状态的销售值与对应的概率乘积之和。

例如，经理甲的方案期望值：

$500 \times 0.3 + 420 \times 0.5 + 380 \times 0.2 = 436$

业务科人员的方案期望值：

$600 \times 0.5 + 400 \times 0.2 + 360 \times 0.3 = 488$

销售人员甲的方案期望值：

$480 \times 0.3 + 400 \times 0.5 + 300 \times 0.2 = 404$

按照上面的方法将其他人员的方案期望值都依此计算。

表2-2　经理预测方案

经理	销售估计值						权数
	销售好	概率	销售一般	概率	销售差	概率	
甲	500	0.3	420	0.5	380	0.2	0.6
乙	550	0.4	480	0.4	360	0.2	0.4

表2-3　科室人员预测方案

科室人员	销售估计值						权数
	销售好	概率	销售一般	概率	销售差	概率	
业务	600	0.5	400	0.2	360	0.3	0.3
计划	540	0.4	480	0.3	340	0.3	0.3
财务	580	0.3	440	0.3	320	0.4	0.4

表 2-4 销售人员预测方案

销售人员	销售估计值						权数
	销售好	概率	销售一般	概率	销售差	概率	
甲	480	0. 3	400	0. 5	300	0. 2	0. 4
乙	520	0. 3	440	0. 4	360	0. 3	0. 3
丙	540	0. 2	420	0. 5	380	0. 3	0. 3

②计算各类人员综合预测值。

即分别求出经理类、科室人员类、售货人员类的综合预测值。

综合预测值公式为：

$$\tilde{Y} = \frac{\sum W_i \tilde{y}_i}{\sum W_i}$$

式中：$\tilde{Y}$——某类人员综合预测值；

$\tilde{y}_i$——某类各人员的方案期望值；

W_i——某类各人员的方案期望值权数。

经理类综合预测值为：

$$\frac{436 \times 0.6 + 484 \times 0.4}{0.6 + 0.4} = 455.2$$

科室人员类综合预测值为：

$$\frac{488 \times 0.3 + 462 \times 0.3 + 434 \times 0.4}{0.3 + 0.3 + 0.4} = 458.6$$

销售人员类综合预测值为：

$$\frac{404 \times 0.4 + 440 \times 0.3 + 432 \times 0.3}{0.4 + 0.3 + 0.3} = 423.2$$

③确定最后预测值。

最后预测值为：

$$\frac{455.2 \times 4 + 458.6 \times 3 + 423.2 \times 2}{4 + 3 + 2} \approx 449.2$$

2.2.2 购买意向调查法

（1）购买意向调查法简介。

购买意向调查法是指通过一定的调查方式（如抽样调查、典型调查等）选择一部分或全部的潜在购买者（主要是生产资料的购买者），直接向他们了解未来某一时期（即预测期）购买商品的意向，并在此基础上对商品需求或销售做出估计。

（2）调研步骤。

①向被调查者说明所要调查的产品的性能、特点、价格，市场上同类产品的性能、价格等情况。

②请被调查者填写购买意向调查表。

③调查结果的汇总及处理。

（3）应用范围与注意点。

应用范围：适用于高档耐用消费品和生产资料的预测。

注意点：仅能对某一大类产品做出预测，而无法对某一品牌或某种规格具体产品做出预测。

2.2.3 市场调研法

（1）通常聘请专业市场调研公司进行调研。

（2）主要用于新产品研发，了解客户对现有产品的评价，了解客户对现有产品的好恶，了解特定层次的客户偏好哪些竞争性产品。

（3）数据收集方法有问卷调查和上门访谈两种。

2.2.4 德尔菲法

德尔菲法是指专家小组在相互独立的情况下，以匿名的方式，分别进行需求预测，然后将各成员的意见进行比较，再对不同之处进行讨论，最终达成一致，得到结果。

（1）主要特点。

①参与者的匿名性：德尔菲法要求所有的参与者保持匿名性，以确保参与者在出具意见时不会受到其他人的权威以及声誉等影响，同时也促使参与者某种程度上能够畅所欲言，在修改早期判断时不会有太多顾虑。

德尔菲法预测产品运力需求

②信息流的结构性：德尔菲法采用问卷法作为信息收集的手段，组织者对信息进行处理和筛选后，专家组就指定问题进行意见交流，避免面对面交流时可能出现的话题失控等问题。

③定期反馈：德尔菲法允许参与者对其他人的反馈进行评论，并据此随时修正自己的观点和预测结果。

（2）基本步骤（见图 2–2）。

德尔菲法的基本步骤如图 2–2 所示。

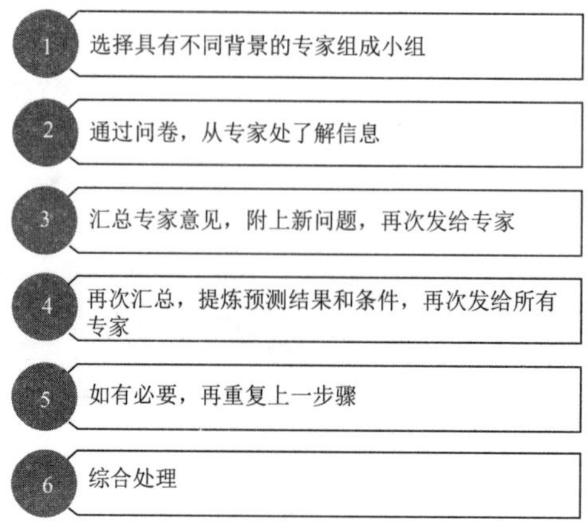

图 2–2　德尔菲法的基本步骤

（3）德尔菲法的优缺点。

优点：简便易行，具有一定的科学性和实用性，可以避免会议讨论时产生的由于畏惧权威而随声附和或固执己见等情况，同时可以使大家的意见较快地达成一致，参与者容易接受结论，具有一定程度的客观性。

缺点：过程复杂，时间较长，费用较多。

（4）采用德尔菲法预测的注意事项。

注意事项如下：

①对德尔菲法做出充分说明；

②问题要集中；

③避免组合事件；

④语义要清晰、明确；

⑤领导小组的意见不应强加于调查表中；

⑥要尽可能简化调查表；

⑦要限制问题的数量；

⑧支付适当报酬；

⑨考虑处理结果的工作量；

⑩注意时间间隔。

（5）预测结果的处理方法。

①当预测结果为时间或数量，采用中位数法和上、下四分位数法。其中，中位数表示预测结果的期望值，四分位数表示预测期望值区间的上下限。

假设通过德尔菲法一共得出 n 个预测结果，那么预测结果的中位数按照下列公式计算：

$$M_C=\begin{cases}X_{k+1} & n=2k+1(n\text{ 为奇数})\\ \dfrac{X_k+X_{k+1}}{2} & n=2k(n\text{ 为偶数})\end{cases}$$

式中：M_C ——中位数；

X_k ——第 k 个数据；

X_{k+1} ——第 $k+1$ 个数据；

k ——正整数。

上四分位点用 M_1来表示，其计算公式如下：

$$M_1=\begin{cases}X_{\frac{k+1}{2}} & n=2k+1(k\text{ 为奇数})\\ \dfrac{X_{\frac{k}{2}}+X_{\frac{k}{2}+1}}{2} & n=2k(k\text{ 为偶数})\end{cases}$$

下四分位点用 M_3来表示，其计算公式如下：

$$M_3=\begin{cases}X_{\frac{3k+3}{2}} & n=2k+1(k\text{ 为奇数})\\ \dfrac{X_{\frac{3k}{2}+1}+X_{\frac{3k}{2}+2}}{2} & n=2k+1(k\text{ 为偶数})\\ X_{\frac{3k+1}{2}} & n=2k(k\text{ 为奇数})\\ \dfrac{X_{\frac{3k}{2}}+X_{\frac{3k}{2}+1}}{2} & n=2k(k\text{ 为偶数})\end{cases}$$

例：某企业邀请了 16 位专家，采用德尔菲法预测北京地区某年度汽车销售量，16 位专家在最后一轮的预测值分别是 135，138，140，140，140，145，147，150，150，150，150，153，155，160，160，165（单位：千辆），请根据中位数法和四分位数法求出该年度北京地区汽车销售量的预测区间。

解答如下。

本案例中 $n=16$ 是偶数，则 $k=\frac{n}{2}=8$，根据中位数公式可知中位数是第 8 个和第 9 个预测值的平均值，则预测期望值是：

$$M_C=\frac{X_8+X_9}{2}=\frac{150+150}{2}=150\text{（千辆）}$$

根据上四分位数公式，$\frac{k}{2}=4$，$\frac{k}{2}+1=5$，可知上四分位数是第 4 个数和第 5 个数的平均值，即：

$$M_1=\frac{X_4+X_5}{2}=\frac{140+140}{2}=140\text{（千辆）}$$

$k=8$ 是偶数，根据下四分位数公式，可知 $\frac{3k}{2}=12$，$\frac{3k}{2}+1=13$，则下四分位数是第 12 个数和第 13 个数的平均值，即：

$$M_3=\frac{X_{12}+X_{13}}{2}=\frac{153+155}{2}=154\text{（千辆）}$$

中位数 M_C 表示专家预测期望值，上、下四分位数 M_1 和 M_3 分别表示预测区间的上下限。

根据以上计算可知，预测北京地区该年度汽车销售量为 150 千辆，预测区间为 140~154千辆。

②当预测结果为数量值，采用算术平均法 。

③当预测结果为事件发生的可能性，采用主观概率统计法（加权平均值）。

例：有 15 位专家对一项新产品投放市场成功的可能性的主观概率估计如下：3 人认为成功的可能性主观概率为 0.5，7 人认为成功的可能性主观概率为 0.6，3 人认为成功的可能性主观概率为 0.7，2 人认为成功的可能性主观概率为 0.8，请根据主观概率统计法对该产品投放成功的概率进行计算。

解答如下。

该项产品投放市场成功的主观概率加权值为：

$$\frac{3\times0.5+7\times0.6+3\times0.7+2\times0.8}{15}\approx0.627$$

该项新产品投放市场成功的可能性为 62.7%。

④当预测结果为非数量化，采用比重法、评分法。比重法是指计算出专家中某个意见回答所占的人数比例，以比例最高者作为预测的结果。评分法则常用于产品各特征的重要

性比较或不同牌号的同类产品的质量评比等。

2.2.5 头脑风暴法

头脑风暴法又称专家会议法或集思广益法，是指预测者邀请有关专家召开讨论会，向专家获取有关预测对象的信息，经归纳、分析、判断和推算，预测事物未来发展变化趋势。

(1) 头脑风暴法一般按下列步骤实施。

①确定与会专家的名单、人数和会议时间。

②召开专家讨论会。

③对各种设想进行归类、比较和评价。

(2) 优点。

①能较全面地考虑事件发生的可能性。

②简单易行，节省时间。

(3) 缺点。

①不能更广泛地收集各方面的意见。

②可能会出现少数人的正确意见屈服于多数人的错误意见，或者大多数人受权威人士意见的左右等情况。

2.3 定量预测方法

2.3.1 时间序列分析法

(1) 简单移动平均法。

以若干期为计算期，通过吸收新一期的数据，删除最早一期的数据，使计算期向前推移，并求出该期间内时间序列的平均值，将其作为下一期的预测值。

简单移动平均法的计算公式为：

$$F_t = (A_{t-1} + A_{t-2} + \cdots + A_{t-n})/n$$

式中：F_t——对下一期的预测值；

n——移动平均的时期个数;

A_{t-1}，A_{t-2}，…，A_{t-n}——前期、前两期、前三期直至前 n 期实际值。

简单移动平均法适用于需求模式稳定的情况。

例：某物流企业 2010—2016 年公路货运业务收入如表 2-5 所示，请用简单移动平均法预测其 2017 年公路货运业务收入。

表 2-5　某物流企业 2010—2016 年公路货运业务收入　单元：万元

年份	公路货运业务收入	简单移动平均数
2010	984	—
2011	1022	—
2012	1040	—
2013	1020	1015
2014	1032	1027
2015	1015	1031
2016	1010	1022

解答：从表 2-5 中可以看出，这是一个水平型变动的时间序列，除了 2010 年不足 1000 万元外，其余年份均为 1020 万元左右，历年公路货运业务收入比较稳定。

取移动平均年数 n 为 3，进行预测：

$$\hat{x}_{2017} = \frac{1032 + 1015 + 1010}{3} = 1019(\text{万元})$$

该物流企业 2017 年公路货运业务收入预测值为 1019 万元。

（2）加权移动平均法。

简单移动平均法的各元素权重都相等，而加权移动平均法各元素的权重值可以不同。当然，其权重之和必须等于 1。

经验法和试算法是选择权重的最简单的方法。一般而言，最近期的数据最能预示未来的情况，因而其权重应大些。但是，有时权重是季节性的，一般季节性产品的权重大。

由于加权移动平均法能区别对待历史数据，因而在这方面要优于简单移动平均法。

$$F_t = w_1A_{t-1} + w_2A_{t-2} + \cdots + w_nA_{t-n}$$

$$\sum n_iw_i = 1$$

式中：w_1，w_2，…，w_n——第 $t-1$，$t-2$，…，$t-n$ 期实际销售额的权重，$w_1 > w_2 > \cdots > w_n$。

例：某家快递网点发现在某 4 个月内，其最佳预测结果由当月实际投递量的 40%、倒数第 2 个月投递量的 30%、倒数第 3 个月的 20%和倒数第 4 个月的 10%组成，其 4 个月（由远到近）的投递量分别为 1000 件、900 件、1050 件、950 件，则第 5 个月的预测值为：

$F_5=0.4\times950+0.3\times1050+0.2\times900+0.1\times1000=975$（件）

（3）指数平滑法。

移动平均法的预测值实质上是以前观测值的加权和，但这往往不符合实际情况。

指数平滑法则对移动平均法进行了改进，指数平滑法认为数据的重要程度按时间的近远呈非线性递减，近期数据影响价值大，分配的权数相应大，远期的数据影响价值小，分配的权数也应较小。根据平滑次数的不同，指数平滑法可分为一次指数平滑法、二次指数平滑法、三次指数平滑法和高次指数平滑法等。

①一次指数平滑法。

当各期数据之间不存在明显的趋势变化时，可以采用一次指数平滑法，其公式可表示为：

$$F_t=\alpha A_{t-1}+(1-\alpha)F_{t-1}$$

也可写作：

$$F_t=F_{t-1}+\alpha(A_{t-1}-F_{t-1})$$

可以解释为下期预测值是本期预测值与按照一定平滑系数为权重的本期预测误差值之和。

式中：F_t、F_{t-1}—— 第 t 期和第 $t-1$ 期的指数平滑预测值；

A_{t-1}—— 第 $t-1$ 期的实际需求；

α—— 平滑常数(加权系数)。

其中，$0<\alpha<1$，α 值越大，表示近期需求的比重越大，但 α 值越大也越会受到随机因素的影响，从而造成预测值不稳定。

例：某市航空货运量的长期需求相对稳定，平滑常数 $\alpha=0.05$，并假设上个月的预测值 F_{t-1} 为 105 万吨，如果实际需求 A_{t-1} 为 100 万吨而不是 105 万吨，那么本月的预测值 $F_t=F_{t-1}+\alpha(A_{t-1}-F_{t-1})=105+0.05\times(100-105)=104.75$(万吨)。

②二次指数平滑法。

当时间序列没有明显的趋势变动时，使用第 t 周期一次指数平滑法就能直接预测第 $t+1$ 期之值。但当时间序列的变动出现直线趋势时，用一次指数平滑法来预测仍存在着明显的滞后偏差。因此，也需要进行修正。

修正的方法是在一次指数平滑的基础上再做二次指数平滑，利用滞后偏差的规律找出曲线的发展方向和发展趋势，然后建立直线趋势预测模型，故称为二次指数平滑法。

二次指数平滑是对一次指数平滑的再平滑，适用于各期数据之间存在线性趋势的情况，二次指数平滑法的计算公式为：

$$F_t^{(2)} = \alpha F_{t-1}^{(1)} + (1-\alpha)F_{t-1}^{(2)}$$

式中：$F_t^{(2)}$ —— 第 t 周期的二次指数平滑平均数；

α—— 平滑常数(加权系数)；

$F_{t-1}^{(2)}$ —— 第 $t-1$ 周期的二次指数平滑平均数。

采用二次指数平滑法之后就可以建立起预测公式：

$$\hat{y}_{t+T} = a_t + b_t T$$

式中：t—— 当前时期数；

T—— 由当前时期数 t 到预测期的时期数；

$\hat{y}_{t+T}$ ——第 $t+T$ 期的预测值；

a_t ——截距；

b_t ——斜率。

其计算公式为：

$$a_t = 2S_t^{(1)} - S_t^{(2)}$$

$$b_t = \frac{\alpha}{1-\alpha}(S_t^{(1)} - S_t^{(2)})$$

求出 a_t 和 b_t 后，即可根据第 t 期数据求出未来第 $t+T$ 期数据。

例：某运输企业 2010—2017 年货运量如表 2-6 所示，试用二次指数平滑法对 2020 年该企业的货运量进行预测。(取 $\alpha=0.2$)

表 2-6　　某运输企业 2010—2017 年货运量

年份	货运量 Y_i (万吨)
2010	97
2011	99
2012	105
2013	112
2014	118

续 表

年份	货运量 Y_i（万吨）
2010	97
2015	123
2016	127
2017	128

解答如下。

第一步：列出计算公式。

①对历史数据的时间数列计算一次指数平滑值和二次指数平滑值，并排成数列：

$$S_t^{(1)} = \alpha y_t + (1-\alpha)S_{t-1}^{(1)}$$

$$S_t^{(2)} = \alpha S_t^{(1)} + (1-\alpha)S_{t-1}^{(2)}$$

②利用最后一期的两个指数平滑值计算模型参数 a_n，b_n 的值：

$$a_n = 2S_n^{(1)} - S_n^{(2)}$$

$$b_n = \frac{\alpha}{1-\alpha}(S_n^{(1)} - S_n^{(2)})$$

③将 a_n，b_n 的值代入预测公式，并计算预测值：

$$\hat{y}_{n+T} = a_n + b_n T$$

第二步：在列表中填入有关数据，如表 2-7 所示。

表 2-7　二次指数平滑计算某运输企业货运量

年份（t）	货运量（Y_i）	$S_n^{(1)}$	$S_n^{(2)}$	a_n	b_n
2010	97	97.0	97.0	—	—
2011	99	97.4	97.1	—	—
2012	105	98.9	97.5	—	—
2013	112	101.5	98.3	—	—
2014	118	104.8	99.6	—	—
2015	123	108.4	101.4	—	—
2016	127	112.1	103.5	—	—
2017	128	115.3	105.9	124.7	2.4

第三步：求 2020 年货运量的预测值。

$Y_{2020} = 124.7 + 2.4 \times 3 = 131.9$（万吨）

2.3.2 因果关系预测法

回归分析预测法预测地区社会物流总额与国内生产总值之间的关系

因果关系预测法主要有回归分析预测法和投入产出模型。本书主要介绍回归分析预测法。

（1）回归分析预测法的定义。

回归分析预测法，是在分析市场现象自变量和因变量之间相关关系的基础上，建立变量之间的回归方程，并将回归方程作为预测模型，根据自变量在预测期的数量变化来预测因变量。

回归分析预测法有多种类型。依据相关关系中自变量的个数可分为一元回归分析预测法和多元回归分析预测法。

（2）回归分析预测法的步骤。

①根据预测目标，确定自变量和因变量。明确了预测的具体目标，也就确定了因变量。如预测具体目标是下一年度的销售量，那么销售量 Y 就是因变量。通过市场调查和查阅资料，寻找影响预测目标的相关因素，即自变量，并从中选出主要的影响因素。

②建立回归分析预测模型。依据自变量和因变量的历史统计资料进行计算，在此基础上建立回归分析方程，即回归分析预测模型。

③进行相关分析。回归分析是对具有因果关系的影响因素（自变量）和预测对象（因变量）所进行的数理统计分析处理。只有当自变量与因变量确实存在某种关系时，建立的回归方程才有意义。因此，作为自变量的因素与作为因变量的预测对象是否有关，相关程度如何，以及判断这种相关程度的把握性多大，就成为进行回归分析必须要解决的问题。进行相关分析时，一般需要求出相关关系，以相关系数的大小来判断自变量和因变量的相关程度。

④检验回归分析预测模型，计算预测误差。回归分析预测模型是否可用于实际预测，取决于对回归分析预测模型的检验和对预测误差的计算。回归方程只有通过各种检验，且预测误差较小时，才能将其作为预测模型进行预测。

⑤计算并确定预测值。利用回归分析预测模型计算预测值，并对预测值进行综合分析，确定最后的预测值。

（3）正确应用回归分析预测法时应注意以下内容。

①用定性分析判断现象之间的依存关系。

②避免回归预测的任意外推。

③应用合适的数据资料。

2.4 预测误差与监控

2.4.1 预测精度测量

（1）预测误差。

①预测误差：预测值与实际值之间的差异。

②产生预测误差的原因如下。

A. 忽略了重要的变量或变量发生了大的变化或有新的变量出现，使得采用了不恰当的模型。

B. 气候或其他自然现象的严重变化（如大的自然灾害）引起了不规则变化。

C. 应用不当的预测方法或错误地解释了预测结果。

D. 随机变量的存在是固有的。

（2）误差评价指标。

①平均绝对误差。

A. 定义：整个预测期内每一次预测值与实际值的绝对偏差（不分正负，只考虑偏差量）的平均值，能够较好地反映预测的精度，但不容易衡量无偏性。

B. 计算公式如下：

$$MAD = \frac{\sum_{t=1}^{n} |A_t - F_t|}{n}$$

式中：A_t—— 时段 t 的实际值；

F_t—— 时段 t 的预测值；

n—— 整个预测期内的时段个数(预测次数)。

②平均平方误差。

A. 定义：对误差的平方取平均值，能够较好地反映预测的精度，但无法衡量无偏性。

B. 计算公式如下：

$$MS = \frac{\sum_{t=1}^{n} (A_t - F_t)^2}{n}$$

式中：A_t—— 时段 t 的实际值；

F_t—— 时段 t 的预测值；

n—— 整个预测期内的时段个数(预测次数)。

③平均预测误差。

A. 定义：预测误差的和的平均值，能够很好地衡量预测模型的无偏性，但不能反映预测值偏离实际值的程度。

B. 计算公式如下：

$$MFE = \frac{\sum_{t=1}^{n} (A_t - F_t)}{n}$$

式中：A_t—— 时段 t 的实际值；

F_t—— 时段 t 的预测值；

n—— 整个预测期内的时段个数(预测次数)。

④平均绝对百分误差。

计算公式如下：

$$MAPE = (\frac{100}{N}) \sum_{t=1}^{n} \left| \frac{A_t - F_t}{A_t} \right|$$

2.4.2 预测监控

（1）跟踪信号。

跟踪信号（Tracking Signal，TS）是指预测误差滚动和与平均绝对偏差的比值，用来衡量预测的准确程度。

（2）计算公式。

跟踪信号等于游动预测误差总和除以平均绝对误差，即：

$$TS = \frac{RSFE}{MAD}$$

其中，游动预测误差总和 $RSFE$ 等于各期实际需求与需求预测之差的总和。平均绝对误差（Mean Absolute Deviation，MAD）等于预测误差总和/预测总个数。

（3）跟踪信号的评价。

正的跟踪信号表明实际需求大于预测值，负的则表明实际需求小于预测值。一个令人满意的跟踪信号应有较低的 *RSFE*，其正负误差几乎同样大。这就是说，小的偏差是允许的，但偏差正负项应相互抵消，这样跟踪信号才接近于0。

一旦跟踪信号算出来以后，就要将之与预定的控制界限比较。若超过上下控制界限，说明预测方法存在问题，管理人员应重新评估其所用的预测方法。运用跟踪信号进行监控的具体手段有自适应平滑法和聚焦预测法等。

2.5 大数据需求预测

2.5.1 大数据的定义

知名咨询机构——高德纳咨询公司（Gartner Group）指出，大数据需要新处理模式才能具有更强的决策力、洞察发现力和流程优化能力以及海量、高增长率和多样化的信息资产。

从数据的类别上看，大数据指的是无法使用传统流程或工具处理或分析的信息。它定义了那些超出正常处理范围和大小、迫使用户采用非传统处理方法的数据集。

大数据的产生与网络息息相关，网络上的每一次搜索、交易都是数据，通过计算机的处理和分析后不仅得到已有业务的简单客观的结论，还能用于预测未来的需求。

2.5.2 大数据预测的特征

大数据预测依赖数据来源，因此数据源的特征也决定了大数据的预测特征。

（1）实样而非抽样。在小数据时代，由于缺乏获取全体样本的手段，人们发明了“随机调研数据”的方法。抽取样本越随机，就越能代表整体样本，预测也就越精准，但弊端是获取一个随机样本代价极高，而且很费时。有了云计算和数据库以后，获取足够大的样本数据乃至全体数据，就变得非常容易，只需要对大数据进行挖掘和分析，便可以获得足够精确的预测结果。

（2）效率而非精确。使用抽样的方法需要非常精确的具体运算，但全样本时，数据的偏差不会被放大，因而在大数据时代，快速获得一个大概的轮廓和发展脉络比严格的精确性重要得多。

（3）相关而非因果。大数据研究不同于传统的逻辑推理研究，需要对数量巨大的数据做统计性的搜索、比较、聚类、分类等。大数据研究更关注数据的相关性或关联性，即只需要知道是什么，而无须知道为什么。

2.5.3 大数据预测分析的基本流程

大数据具有 4V 特点，即数据体量巨大、数据种类繁多、流动速度快和价值密度低。因此，需要制定合理的数据分析流程，提升预测的效率。

大数据预测分析流程可以概括为四步：数据采集、导入和预处理、数据处理与分析以及大数据的可视化。

（1）数据采集。

数据采集是指利用多个数据库接收发自客户端的数据，并且用户可以通过这些数据库进行简单的查询和处理工作。比如，电商会使用传统的关系型数据库（如 MySQL 和 Oracle 等）来存储每一笔事务数据。除此之外，Redis 和 MongoDB 这样的 NoSQL 数据库也常用于数据的采集，Web 数据多采用网络爬虫方式进行收集。

（2）导入和预处理。

这一阶段通常将来自前端的数据导入一个集中的大型分布式数据库或者分布式存储集群中，并进行一些简单的清洗和预处理工作。大数据采集过程中通常有一个或多个数据源，易受到噪声数据、数据值缺失和数据冲突等影响，因此首先需对收集到的大数据集合进行预处理。

大数据的预处理环节主要包括数据清理、数据集成、数据归约与数据转换等内容，可以大大提高大数据的总体质量。数据清理技术包括对数据的不一致检测、噪声数据的识别、数据过滤与修正等。

（3）数据处理与分析。

大数据的分布式处理技术与存储形式、业务数据类型等相关。针对大数据处理的主要计算模型有 MapReduce 分布式计算框架、分布式内存计算系统和分布式流计算系统等。

MapReduce 是一个批处理的分布式计算框架，可对海量数据进行并行分析与处理，它适合对各种结构化、非结构化数据进行处理。分布式内存计算系统可有效减少数据读写和移动的开销，提高大数据处理性能。分布式流计算系统则可对数据流进行实时处理，以保障大数据的时效性和价值性。

大数据分析技术主要包括已有数据的分布式统计分析技术和未知数据的分布式挖掘和深度学习技术。分布式统计分析技术可由数据处理技术完成，分布式挖掘和深度学习技术则在大数据分析阶段完成，包括聚类与分类、关联分析、深度学习等。通过挖掘大数据集合中的数据关联性，可形成描述模式或属性规则，并通过构建机器学习模型和海量训练数据提升数据分析与预测的准确性。

（4）大数据的可视化。

大数据的可视化是将大数据分析与预测结果以计算机图形或图像的直观方式显示给用户的过程，并可与用户进行交互式处理。大数据的可视化环节可大大提高大数据分析结果的直观性，便于用户理解与使用。

2.6 牛鞭效应

2.6.1 牛鞭效应的概念

牛鞭效应是指供应链中的零售商给供应商的订货量与其实际的销售量不一致的情况。一般地，发给供应商的订货量，其方差大于销售给买方的方差（即需求扭曲），这种需求扭曲会以放大的形式向供应链的上游蔓延（方差变大）。牛鞭效应是物流需求预测中需要特别关注的问题。

2.6.2 牛鞭效应产生的原因

牛鞭效应产生的原因如下。

（1）需求信号处理。

买方在某时期发现需求增加，会认为这是未来需求将会提高的预兆，从而大幅度增加订货量。在传统的运作管理中，上游仅仅依靠下游买方的需求数据做出预测和决策，它的库存控制将不可避免地受到扭曲信息的影响。这样重复下去，将呈现逐步放大的趋势。多重预测偏差是导致牛鞭效应的一个关键因素。

（2）供应短缺。

制造商的生产能力不能满足潜在需求时，会根据买方的订货量限额配给。买方为了得到更多的配额，就会提高订货量，从而超出实际的需求。即使供应量充足，但只要买方认为可能发生缺货，就采取以上策略。

（3）批量订货。

考虑订货成本等因素，经济订货批量（Economic Order Quantity，EOQ）对买方来说可能是最优的订货策略，但对供方来说可能比较棘手。多个买方的订货时间分布有随机订货、正相关订货和平衡订货三种情况，这三种情况对供方来说有相同的订货量期望值，第一种情况方差最大，第三种情况方差最小。三种情况下的方差都大于买方面临的需求变动的方差。

（4）价格变化。

制造商的产品价格在一定范围内随机变化时，零售商的最优订货决策是价格低时扩大订货，价格高时减少订货。另外，由于在某些时期对大量采购提供促销和打折措施，导致出现不正常的订货或销量，这也会引起牛鞭效应。

（5）交货时间。

牛鞭效应的起因还与供应链环节之间交货的时间迟滞紧密相关。这些时间迟滞有时很长。

综上所述，牛鞭效应是指供应链成员在自身利益的驱动下，所做出的理性决策的结果。从管理的层面上讲，是由供应契约结构的不合理、需求信息的不确定和需求信息的个别占有等因素造成。

2.6.3 牛鞭效应的解决措施

通过协调供应链，订立合理契约，建立完善的激励机制和监督机制，实行有效的信息共享，可以减轻甚至消除牛鞭效应。

在具体的运作中，可采用信息共享，VMI，采购承诺和数量柔性的条款，缩短订货的提前期或交货时间，还可采取第三方物流、“天天低价”策略、多个供应商供货等。

（1）信息共享。

需求信息的集中是信息共享的一种方法。如一个两级供应链系统，系统中有一个分销中心，其作用是汇总零售商的订货单，然后向供应商订货，供应商向分销中心发货或者直接向零售商发货。

库存数据共享也是信息共享的一种方法。由于批量或时间间隔的限制，订货可能没有完全传达库存的状态，但有了共享的库存数据，供应商就可以调节其订货，以响应零售商的异常低或高的库存。

（2）VMI。

VMI 或 CRP（Continuous Replenishment Program）是基于信息共享的敏捷物流合作关系协议，它也指直接补充库存。在 VMI 的协议下，供应商监视零售商的分销网络中的库存状况，确定库存补充时间和数量，而不是被动地响应零售商的订货，这样的协议对供应商和零售商双方是有益的。对于零售商来说，减轻了监视库存、采购订货的负担，可以享受有保障的服务；对于供应商来说，由于需求预测误差大大减少，从而降低了安全库存水平，缩短了交货时间，节约了物流成本。

（3）采用采购承诺和数量柔性的条款。

在订立契约时采用采购承诺或数量柔性的条款，在契约执行的开始，买方事先承诺购买一定数量或某一数量范围的货物，卖方则提供一定的优惠条件。其目的是买卖双方共同承担风险或共同分享利益，从而促使买方认真预测需求和计划订货数量。

（4）缩短订货的提前期或交货时间。

缩短订货的提前期是指买方对市场的需求做出快速响应，这尤其适合服装等季节性销售的商品。在需求不确定的情况下，缩短交货时间是一种很好的解决办法。

（5）第三方物流。

第三方物流服务提供商允许若干零售商利用他的仓库作为其货物的集散地，并且统一向制造商订货并配送。

（6）“天天低价”策略（Everyday Low Price，EDLP）。

对于价格波动，解决的办法是制造商保持产品价格的稳定，实行“天天低价”策略。

（7）多个供应商供货。

在某些条件下，由于供应商生产能力的限制，因此产生零售商的分配博弈问题，通过多个供应商供货可以减少供应的变化。

2.7　小结

本单元主要介绍需求预测的内容，包括市场需求的特征和可测性、需求预测的类型和流程、市场需求预测定性分析的基本方法、市场需求预测定量分析的基本方法、需求预测的误差与监控，最后简要介绍了大数据预测和牛鞭效应。

在本单元的学习里，我们了解连续的市场需求是可测的。本单元介绍了常用的定性需求预测方法和定量需求预测方法。定性需求预测方法如集合意见法、购买意向调查、市场调查、德尔菲法、头脑风暴法等；定量需求预测方法如简单移动平均法、加权移动平均法、指数平滑法等时间序列预测方法以及因果关系预测中的回归分析预测法。对于较为复杂的回归分析，本单元还提供了具体的案例介绍。预测总是存在误差，预测误差与监控一节中介绍了预测精度测量的部分指标以及预测监控的方法。随着数据时代的到来，大数据预测方法将发挥重要作用，本单元也介绍了大数据的主要特征和需求预测的基本流程。市场需求信息扭曲会产生牛鞭效应，本单元也对牛鞭效应的概念、产生原因、应对措施做了详细介绍。

思考题

1. 连续的市场需求为什么是可测的？
2. 集合意见的推算预测和德尔菲法有什么异同？
3. 如何综合应用购买意向调查法、市场调研法？
4. 通过哪些指标可以实现对预测精度的测量？
5. 大数据预测的优势和局限性有哪些？
6. 牛鞭效应为什么始终存在？有哪些解决措施？

单元1
概　述

单元2
需求预测

单元3
物流网络规划

单元4
客户服务与
订单管理

单元5
库存管理

单元6
配送与外包管理

单元7
逆向物流管理

单元8
电商物流管理

单元9
大宗商品
物流管理

单元3　物流网络规划

本单元学习目标

通过学习本单元，你应该能够：

1. 了解物流网络规划的原则；
2. 了解物流网络规划的基本内容和影响因素；
3. 掌握物流网络布局的基本过程和方法；
4. 掌握配送网络设计与线路选择方法；
5. 了解共同配送的组织方法；
6. 理解物流信息系统的作用、基本结构和流程。

3.1 物流网络规划的原则

物流网络规划是对整个流通渠道所做的规划，包括物流设施的类型、数量与位置，设施所服务的客户群体与产品类别，以及产品在设施之间的运输方式等。

需要全面分析物流网络规划，权衡影响物流系统内部、外部的各要素及其之间的关系，从而确定物流网络的设施数量、容量和用地等，使包括库存持有成本、仓储成本和运输成本等在内的物流网络总成本最小化，同时满足客户对反应时间的要求。

物流网络规划通常是在满足客户反应时间要求的前提下，尽可能减少分销设施数量，并使库存持有成本与运输成本达到平衡。

3.1.1 客户需求驱动原则

客户需求驱动原则要求企业在进行物流网络规划时以客户为中心，识别客户的服务需求，并以提高客户的满意度和忠诚度为目标，在此基础上进行物流系统设计。

3.1.2 系统总成本最优原则

由于各种物流活动成本的变化常常表现出相互冲突的特征，如产品运输政策的调整可能会影响产品库存持有成本，所以物流网络规划需要考虑企业供应链的整体效益，以追求系统总成本最优为目标，而不是单项成本最优。

3.1.3 多样化细分原则

企业应基于客户的需求、自身产品特性、销售水平及销售渠道等因素制定不同的物流服务策略。如根据产品的不同销售规模，确定不同的库存水平，即 ABC 管理策略；根据客户订单大小及产品销售快慢，决定配送的仓库地点；根据运输费率的结构，按运量批量进行服务分类等。

3.1.4 延迟原则

延迟原则是指分拨过程中将运输时间和最终产品的加工时间推迟到收到客户订单之

后，这也是订单驱动原则，减少了企业根据需求预测生产而必须保有的库存量以及为保有库存而进行的调拨运输。

3.1.5 大规模定制原则

大规模定制原则强调物流及供应链作业活动中的规模经济效益，如将小批量运输合并为大批量运输；将早到的客户订单与稍后到达的客户订单合并在一起集中处理，降低单位货物的运输成本和配送成本，但需要考虑并平衡由于运送时间延长而可能造成的客户服务水平下降与订单合并的成本节约之间的关系。

3.1.6 标准化原则

通过可替换的零配件、模块化的产品设计和生产以及给同样产品贴加不同品牌的标签等手段，可以有效控制供应渠道中必须处理的零配件、供给品和原材料的种类数量。如在彩电的新品设计中，如果尽量做到零配件标准化，则可大大降低材料的采购成本和库存成本。

3.2 物流网络规划的内容

3.2.1 管理模式和组织架构

企业物流服务一般有以下几种主要模式：企业自己组织物流、第三方物流企业组织物流、企业自己组织物流和第三方物流企业组织物流结合、客户自己提货。

在制订物流网络规划时，需要确定的是将所有的产品集中在一个配送中心管理还是分别管理，是自主提供物流服务还是外包。

确定管理模式时应从企业供应链管理的全局角度出发，进行系统综合的考虑，在保障企业物流总成本最低的情况下，使物流作业顺畅、高效率以及达到较高的服务水平。

组织架构既要考虑企业内部供应链的整体组织架构及战略需求，又必须结合物流整体的作业流程。

3.2.2 客户服务水平和成本分析

客户服务目标（即客户服务水平）的设定是物流网络规划的首要任务，它直接影响着整个物流网络和系统的规划。影响客户服务水平的因素包括竞争态势、商品类型、客户期望和长期战略等。

物流网络的构建成本往往与客户服务水平呈正相关，其主要体现在供货频度的高低、物流节点的数量和运送时间的长短。客户服务水平较低，物流网点设定较少，可使用廉价的运输方式，则订单服务提前期较长。反之，当客户服务水平接近上限时，成本比客户服务水平上升得更快。

企业在不同的发展阶段有不同的发展战略，随之客户服务水平也会有不同的需求和规划。物流网络规划的整个发展过程就是客户服务水平和服务成本的不断平衡和完善。

3.2.3 库存与运输战略

企业一般依据设定的客户服务水平设计规划库存战略和运输战略。库存战略既包括选定库存存放方式、存放地点、补货方式等，又包括库存水平的设定。

运输战略则包括运输方式、运输批量、运输时间及运输路线的选择。网络选址、运输战略和库存战略相互影响，需要综合考虑。

3.2.4 物流增值服务功能设计

物流增值服务是指在完成物流基础服务后，根据客户需要提供各种延伸业务活动，并为客户提供其他的服务性项目。

企业依据物流服务的商业模式及企业市场、销售战略而规划设计物流增值服务功能。在延迟生产、大订单定制原则下，物流承担着越来越重要的增值服务职能。

物流增值服务的内容如图 3-1 所示。

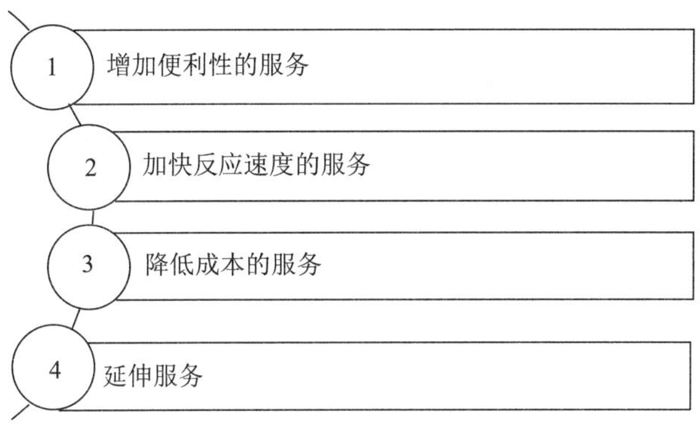

图 3-1 物流增值服务的内容

3.3 物流网络规划布局

3.3.1 物流网络规划布局的影响因素

（1）企业物流服务水平。

物流中心连接着供应商、工厂以及下游的配送网点，承担着库存管理、商品流转、客户服务的功能，因此物流网络布局必须在设定企业物流服务水平的前提下进行。

企业目标客户若能容忍较长反应时间，企业就可以集中力量扩大每一设施的能力。如果企业客户认为较短的反应时间重要，企业就应当设有较多配送中心，以缩短客户反应时间。如图 3-2 所示。

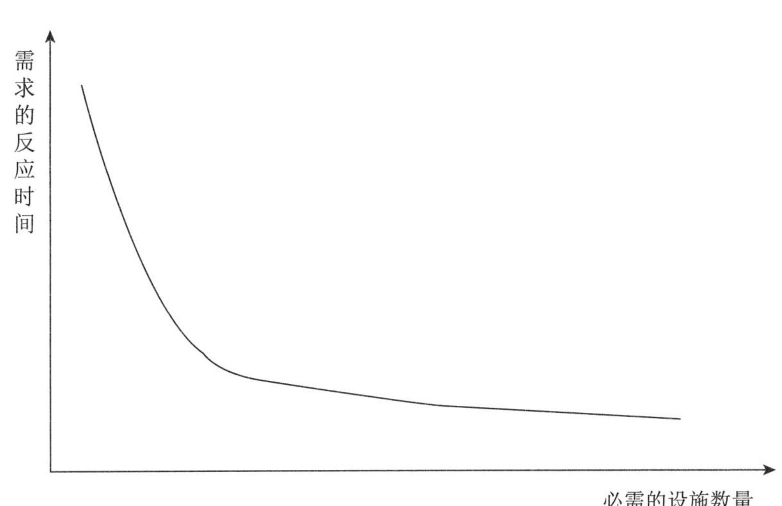

图 3-2 需求的反应时间与必需的设施数量间的关系

（2）库存、运输及其他成本。

物流设施数量、设施布局和生产能力配置改变时，就会产生物流费用和设施成本。进行物流网络设计时，企业还必须考虑库存成本、运输成本和设施成本。

①库存成本。物流设施数量增加时，库存及库存成本就会增加。为减少库存成本，企业经常会尽量合并物流设施以减少设施数量。

②运输成本。单位送货运输成本一般比单位进货运输成本高，这是由于进货量一般较大。增加仓库数量就能更接近客户，从而减少送货距离。因此，增加设施数量就能减少运输费用。但如果设施数量增加到了一定数目，使得批量进货规模较小时，设施数量的增加也会使运输费用增多。如图 3-3 所示。

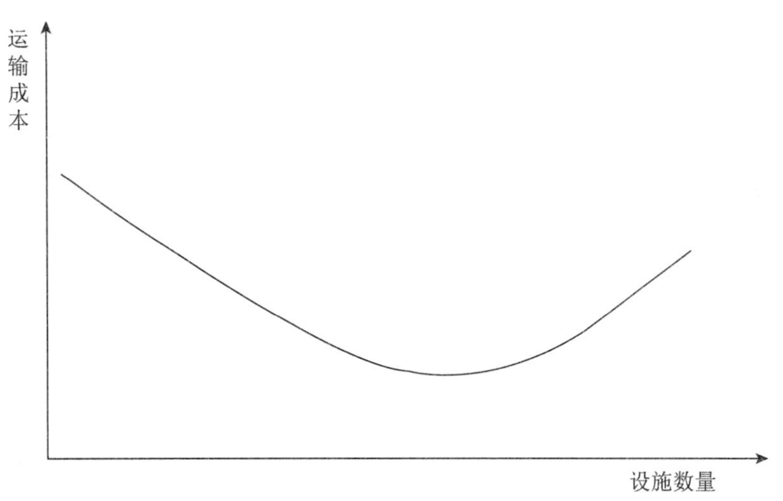

图 3-3　运输成本和设施数量之间的关系

③设施成本。设施成本分为固定成本和可变成本。设施建设和租赁成本被当作固定成本。与配送中心运营相关的设施成本随配送数量的变化而变化，因此被看作可变成本。设施成本随着设施数量的减少而减少。

（3）物流总成本。

物流总成本等于供应链中的库存成本、运输成本和设施成本之和。随着设施数目的增加，物流总成本先减后增，如图 3-4 所示。作为一个想进一步缩短客户反应时间的企业，可能需要增加设施数量。但只有管理人员确信反应速度所带来的效益大于增加额外设施带来的成本时，企业才应该增加设施数量。

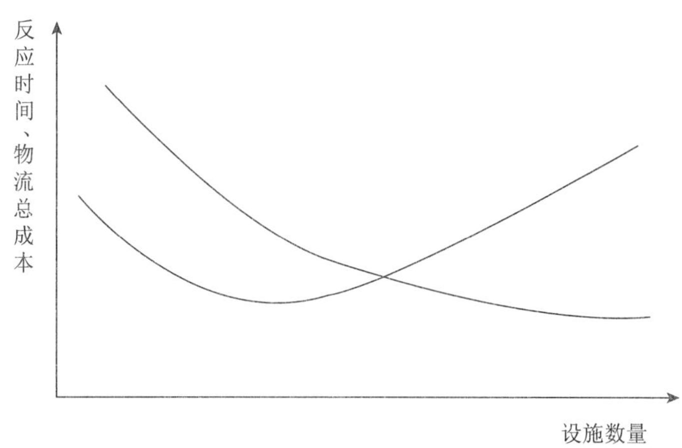

图 3-4　反应时间、物流总成本与设施数量的关系

（4）库存与采购策略。

对于生产企业，物流网络布局还需要考虑生产厂内的仓库容量和安全库存策略；对于流通企业，更重要的是考虑配送覆盖网点的距离和服务水平，同时平衡订货批量对采购订单的影响。

（5）商品特性。

不同商品的物流中心对于选址也有不同要求。以下为果蔬食品、冷藏品、建筑材料、危险品等物流中心选址的特殊要求。

①果蔬食品物流中心。果蔬食品物流中心应选在入城干道处，以免运输距离拉得过长，商品损耗过大。

②冷藏品物流中心。冷藏品物流中心往往选在屠宰场、加工厂、毛皮处理厂等附近。因为有些冷藏品物流中心会产生特殊气味、污水和污物，而且设备及运输噪声较大，可能对所在地环境造成一定影响，故多选择城郊。

③建筑材料物流中心。通常建筑材料物流中心的物流量大，占地多，可能产生某些环境污染问题，考虑严格的防火等安全要求，应选择城市边缘、对外交通运输干线附近。

④危险品物流中心。石油、煤炭及其他易燃物品物流中心应满足防火要求，选择城郊的独立地段。在气候干燥、风速较大的城镇，还必须选择大风季节的下风位或侧风位。特别是石油产品物流中心的选址应远离居住区和其他重要设施，最好选在城镇外围的地势低洼处。

3.3.2 EIQ 分析法

（1）EIQ 分析法简介。

EIQ 分析法是根据销售资料中 E（Order Entry）、I（Item）、Q（Quantity）三者之间的关系，通过统计方法分析历史交易资料，并将得到的物流业务分布作为储位规划、出货作业和管理的参考资料。

①E 是指订单件数，即每一笔接收的订单具有同时进行拣货且配送至同一地点的特性。只要在订单截止时间内，数笔追加的订单均可合并成单一订单，在物流作业过程中将其视作同一订单；反之，在同一批量的订单下，要求以不同时间或不同地点配送商品，对物流中心而言即为多个订单，必须进行订单分割。

②I 是指商品品项或种类。只要是不同质、量、包装单位、包装形式等的产品，都被视作不同的品项。

③Q 是指总订货数量，即每一笔订单和每一品项所订购的数量资料，它是结合订单与品项的媒介。

EIQ 分析法统计如表 3-1 所示。

表 3-1　　EIQ 分析法统计

方法	目的
算数平均值	取一个平均值
最大值、最小值	取上下限
总数	取总数
全距	最大值和最小值的差距
众数	出现次数最多的数值
次数分布	各组资料出现次数统计
相对百分比	将个别值加以排列并计算其百分比
ABC 分析法	将数值按大小排列，并累计其百分比

（2）EIQ 分析法统计的主要内容。

EIQ 分析法包括 EN 分析法、EQ 分析法、IQ 分析法及 IK 分析法等，这些分析基于相应的数据统计，各统计的主要内容如下。

①EIQ 分析法统计包括统计期间订单总笔数、统计期间总品项数、统计期间总出货数、统计期间出货天数。

②EN 分析法统计包括订单总笔数、单一订单最大品项数、单一订单最小品项数、单一订单平均品项数。

③EQ 分析法统计包括订单总笔数、单一订单最大订货量、单一订单最小订货量、单一订单平均订货量。

④IQ 分析法统计包括出货总品项数、单一品项最大出货量、单一品项最小出货量、单一品项平均出货量。

⑤IK 分析法统计包括出货总品项数、单一品项最多订货次数、单一品项最少订货次数、单一品项平均订货次数。

除了上述统计之外，也可以通过金额分析，给贡献力不同的商品做储位规划上的参考，以期做到最有效率地运用储位。如果原始资料不甚完整（多数需要规划的物流中心原始资料不完整），也可以将日常电子档的进出货记录转换为 Excel 文件，再利用以上逻辑加以重组和排序，便可达到分析的目的。

例 1：根据表 3-2 的资料，进行 EQ、EN、IQ、IK 分析。

表 3-2　　例题资料

数量		订货品项						订货数量	订单品项数
		I1	I2	I3	I4	I5	I6	EQ	EN
	E1	300	200	0	100	200	100	900	5
	E2	200	0	400	600	700	0	1900	4
	E3	1000	0	0	0	0	800	1800	2
	E4	200	800	0	300	500	200	2000	5
品项数量	IQ	1700	1000	400	1000	1400	1100	EQ\IQ	EN\IK
品项受订次数	IK	4	2	1	3	3	3	6600	16

①订货数量（EQ）分析：如表 3-2 所示，按照订货数量的百分比进行 ABC 管理分类，4 家客户订单的数量不同，可以很明确地看到 E1 客户订货数量最少，E4 客户订货数量最大，可以考虑将 E4 作为重要客户，提供优先安排配送等一系列服务。

②品项数量（IQ）分析：了解各类产品出货量的分布状况，分析产品的重要程度与运量规模。从表 3-2 中可以看到 6 类商品中 I3 的出货量最少，可以安排在较偏僻的储位，I1 商品、I5 商品的出货量大，应安放在进出较便利的区域。

③订单品项数（EN）分析：依单张订单品种数据资料可了解客户订购品种数的多少，从而判断较适用的拣货方式。从表 3-2 中可看出，E1 和 E4 客户选择品类都是 5 种，但出货量相差较大，可分别选择批量拣选方式与按单拣选方式。

④品项受订次数（IK）分析：统计各种品项被不同客户重复订货次数，有助于了解各产品的出货频率，可配合 IQ 分析确定仓储与拣货系统选择。表 3-2 中 I2 与 I4 的出货数量相当，但品项次数不一致，I2 商品被选取的次数少，每次拣选量较大，应优先考虑自动化拣货工具，采用批量出货的方式。

例 2：根据表 3-3 所示汇总 EIQ 并对配送中心设计提出建议。

表 3-3　　　　汇总 EIQ

1	订单件数	E=4600 件
2	商品品项	I=240 种
3	总订货数量	GEQ/Q=288000 箱
4	平均订货数量	63 箱
5	平均品项数量	120 箱
6	最大订货数量	2000 箱
7	最小订货数量	100 箱
8	最大订单品项数	35 项
9	最小订单品项数	5 项
10	最大品项数量	1400 箱
11	最小品项数量	50 箱

根据表中数据，我们可以得出配送中心的基本特点。

①由于 I=240，可见商品品项数较少，而 E=4600，可见客户相对较多，Q=288000 箱，总订货数量较大，所以该配送中心在流程设计上，应对货物的进货与存储进行相对简单的设计，但在货物的出货流程中应重点考虑高效与自动化，以解决客户数量多且平均需求量大的特性。

②由于平均订货数量为 63 箱，同时货物的品项数量较少，最大订单品项数是 35 项，故采用批量拣货方式较为经济。同时由于最大订货数量为 2000 箱，最小订货数量为 100 箱，所以货物拣选设备应选用托盘式的自动化机械。

③一般而言，如果配送中心的总订货数量每天在 5000 箱以内，只要人机配合的物流设备即可；如果配送中心的总订货数量每天为 5000~20000 箱，就可以采用自动化仓库及自动分拣系统等；如果物流中心的总订货数量每天为 20000 箱以上，就可以采用完全自动化的物流设备和拣货设备。上述配送中心的总订货数量为 288000 箱，可以采用自动化的物流设备。

④在配送中心的布置规划上，先对出货商品进行 IQ 分析（对单一品项出货总数量进

行分析并画出IQ分析图)。按商品的IQ分析图进行ABC分类，然后将A类商品尽量规划在靠门口及通道的地方，方便进出货，C类商品尽量规划在角落或偏僻的地方，而B类商品则介于以上两者之间，使搬运量与搬运距离尽量最小化。在料架的陈列上也可以利用IQ分析，A类商品的托盘规划于第一层容易存取的地方，C类商品的托盘则规划在货架最高层的地方，而B类商品则介于两者之间。

3.3.3 物流（配送）中心选址方法

物流网络的设计涉及多个物流中心的选址，是一个复杂的过程。物流系统总成本的最低点既不在运输成本的最低点，也不在库存持有成本的最低点。物流网络多设施的选址需要平衡服务水平、总成本等多个因素。

多物流中心的选址方法主要有多重心法、Cluster法和混合-整数线性规划。

（1）多重心法。

将起讫点预先分配给位置待定的仓库，形成与待选址仓库数量相等的起讫点群落，找出每个起讫点群落的精确重心点，最优解是使系统总成本最小的解。

（2）Cluster法。

首先将配送中心的选址定位在各个需求点上，然后通过将需求点进行组合，降低配送中心的数量，并比较组合后的配送中心总成本是否小于组合前的总成本，如果是，则继续进行组合，直至组合后的总成本大于组合前的总成本。

（3）混合-整数线性规划。

找出物流网络中仓库的数量、规模和位置，使得通过该网络运送所有产品的固定成本和线性可变成本在下列条件约束下降到最低点。

3.4 物流配送方案设计

3.4.1 配送网络

配送网络的设计就是建立一个框架结构，以便在其中做出关于配送路线和日程的安排运营决策。设计良好的配送运营网络有助于供应链以较低的成本达到理想的反应能力水平。

下面将在假设物流供应链中有很多零售商和几个供应商的基础上，讨论配送网络的设计方案。

（1）直接配送网络。

所有货物直接从供应商处运达零售店，每次配送都是指定的线路，管理者只需要决定配送数量并选择运输方式，同时管理者必须在配送费用和库存费用之间进行权衡。如图3-5所示。

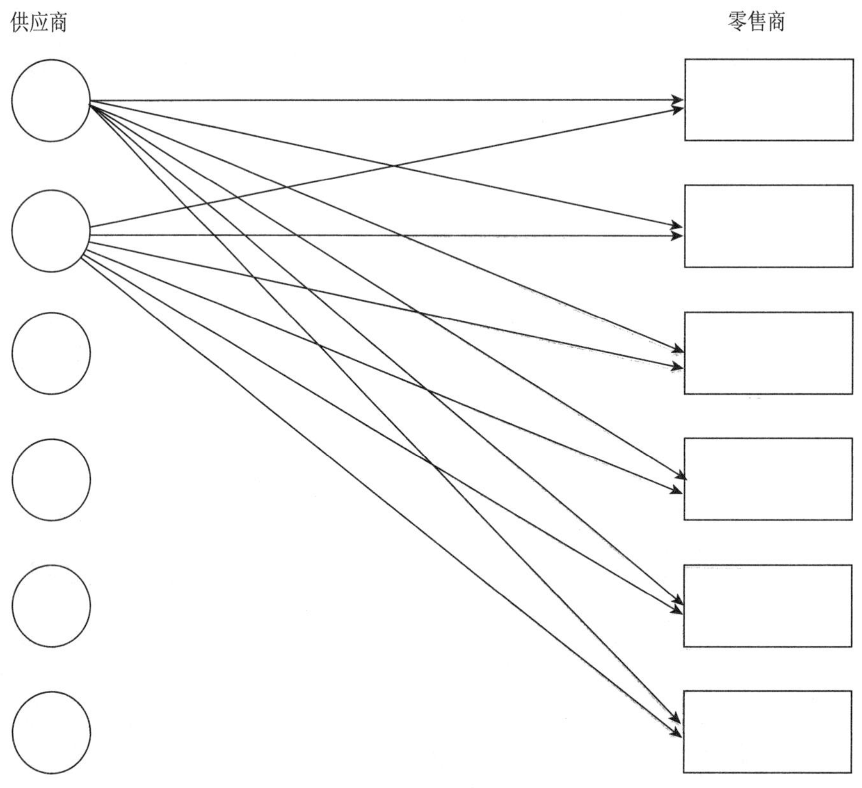

图 3-5　直接配送网络

直接配送网络的优点：没有中间仓库；操作和协调简单易行；一次配送决策不影响别的货物运输；每次都是直接配送，时间较短。

直接配送网络适用于零售店的规模足够大，每次的最佳补给与卡车的最大装载量相接近的情况，若用于较小的零售店则配送成本较高。如果承运商对满载的要求较高，货运必然是大批量的，这将导致供应链中的库存水平较高，如果不满载运输，库存减少，则运输费用和运输时间会增加。

（2）多落点直接配送。

多落点直接配送又叫送奶路线的运送，即一个提货点配送到多个送货点或者多个提货点到一个送货点，管理者需要对路线进行规划，通过多家联合配送降低成本。如图 3-6 所示。

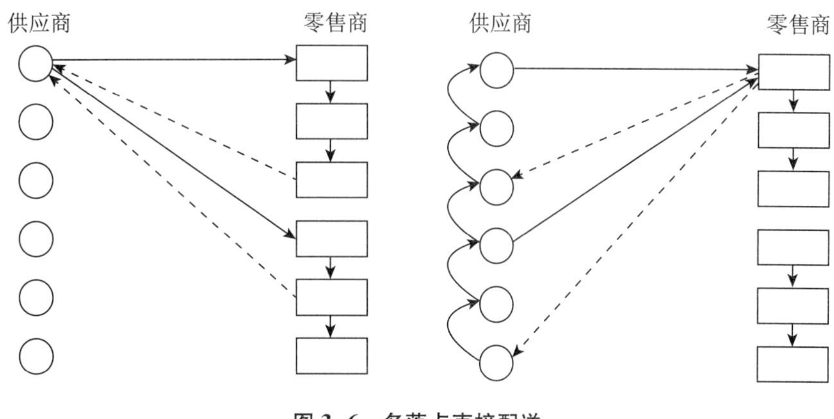

图 3-6　多落点直接配送

（3）通过配送中心配送。

供应商将货物运送到配送中心，再配送到销售网点；依据空间位置对销售网点进行区域的划分，并在每个区域建立配送中心；通过配送中心选择合适的运输方式，将货物配送到销售网点。如图 3-7 所示。

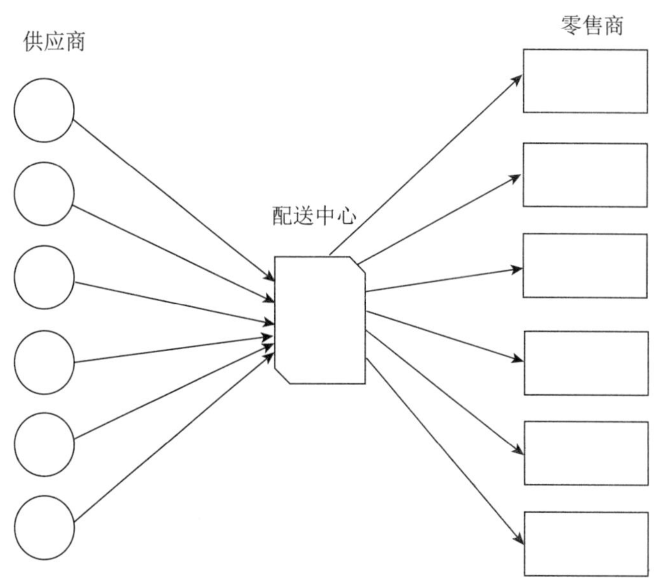

图 3-7　通过配送中心配送

大批量进货时，配送中心保留库存，并为销售网点进行小批量送货。如果商店的补货规模足以获取进货规模的经济效益，配送中心就没有必要为其保留库存。在这种情形下，配送中心通过交叉理货（Cross Docking）的方式直接将不同供应商的商品通过组合运送到不同的地点。交叉理货加快了供应链中产品的流通速度，也减少了处理的成本，但需要高度的协调性。交叉理货适用于大规模可预测商品，在这种方式下应建立配送中心，确保进出货物两个方面的运输都能够获得规模经济。

（4）通过配送中心的多地点配送。

每家进货规模都很小时，就可以通过配送中心进行多地点配送。如图 3-8 所示。

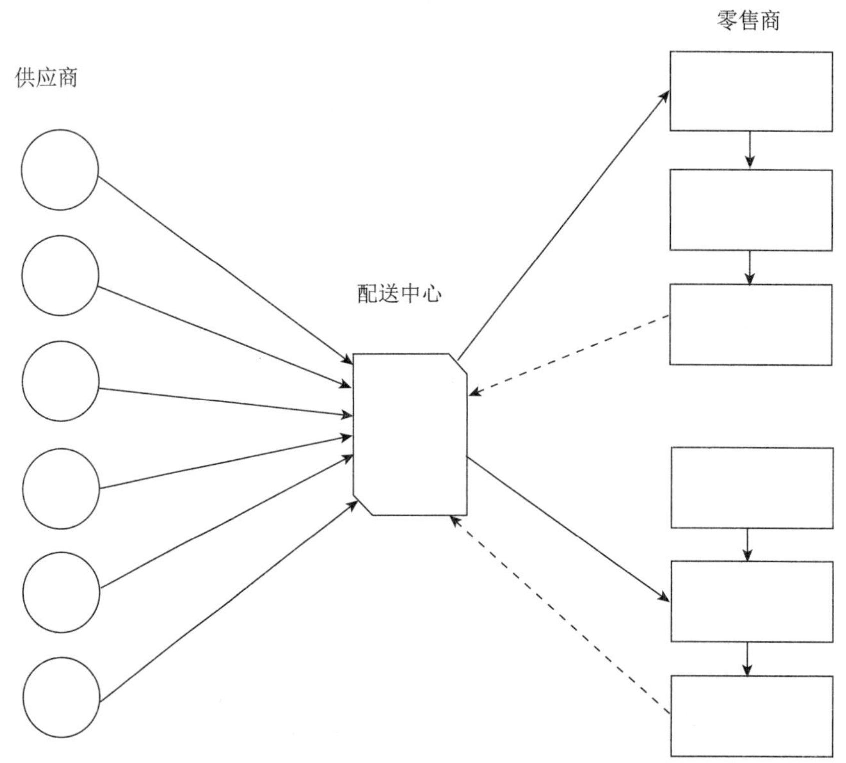

图 3-8　通过配送中心的多地点配送

以上配送体系都减少了配送费用，增强了供应链的反应能力。企业在实际的运输配送操作中，需要视具体情况，采用合适的配送方案，综合利用交叉理货、多落点直接配送（送奶路线）、满载运输和非满载运输，甚至在某些情况下使用包裹递送。

各种配送方案比较如表 3-4 所示。企业必须依据各种成本和收益来评估不同的配送方案，并依据协调的复杂性进行排序，然后做出合适的配送决策。所有配送决策都必须综合考虑库存成本、设施和处理成本，运营中的协调成本以及对客户需求的反应敏捷度等影响因素。

表 3-4　　各种配送方案比较

网络结构	优点	缺点
直接配送网络	无须中间仓库，简单协作	库存水平高，接收费用巨大
多落点直接配送	进行小批量货物的配送，运输成本较低，库存水平较低，并通过联合运输降低了进货运输成本	协调的复杂性加大
通过配送中心配送	必备库存水平很低，通过联合运输降低了运输成本	增加了库存成本，增加了配送中心的处理费用
通过配送中心交叉理货	进行小批量货物的配送，运输成本较低	协调的复杂性加大
通过配送中心多地点配送	运输方式的选择与单个产品和商店的需求非常匹配	协调的复杂性进一步加大

3.4.2 配送路线选择

配送路线选择方法主要有以下几种。

（1）起讫点不同的单一路径规划（最短路线问题）。

这是线路优化模型理论中最为基础的问题之一。

问题描述：假设有 n 个节点和 m 条弧的连通图 $G(Vn, Em)$，并且图中的每条弧 (i, j) 都有一个长度 c_{ij}（或者费用 c_{ij}），则最短路径问题为：在连通图中找到一条从节点 1 到节点 n 距离最短（或费用最低）的路径。

求解此类最短路径问题，主要有以下几种算法（可参考线性规划类书籍）：①Dijkstra（迪杰斯特拉）算法；②逐次逼近法；③Floyd（弗洛伊德）算法。

（2）多个起讫点的路径规划。

这是起始点或目的点不唯一的运输调配问题。

多点间运输问题最为常见的是产销平衡的运输问题。总供给和总需求相同，由不同的路径进行配送时，最终的总运输成本不同，其目标是寻找最低的总运输成本。

主要有两大类求解方法（请参考线性规划类书籍）：①单纯形法；②表上作业法。

（3）起点和终点相同的路径规划。

一般将该问题称为流动推销员问题（Traveling Salesman Problem，TSP），如从某仓库送货到零售店然后返回仓库的路线设计；从零售店到客户的配送路线设计；校车、送餐车等的路线设计。

对于 TSP 已经提出了不少解决方法，扫描法和节约法是较常用的两种。合理的经停路线中各条线路之间是不交叉的，并且只要有可能，路径就会呈凸形或水滴状。如图3-9所示。

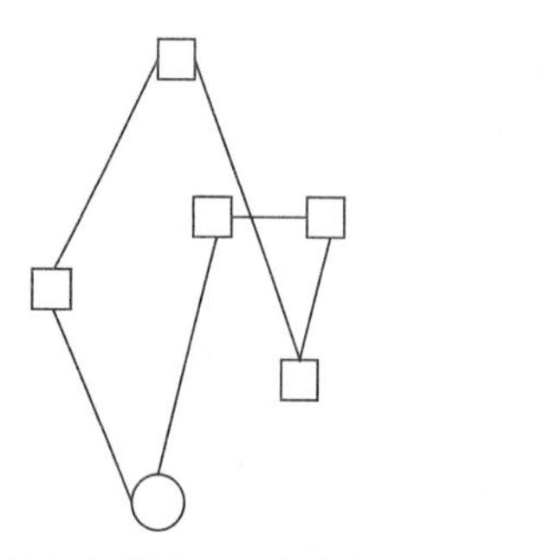

(a) 不好的路径规划——线路交叉

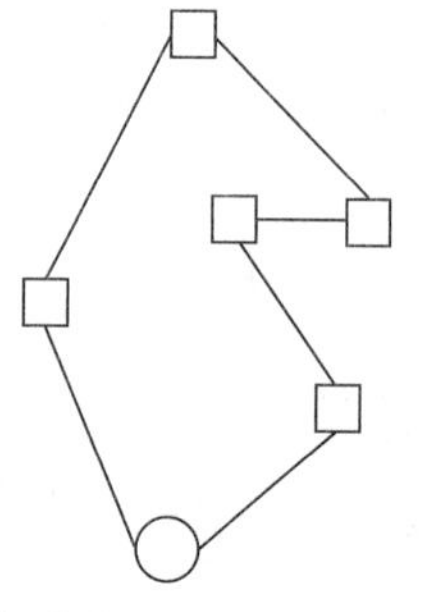

(b) 好的路径规划——线路不交叉

图 3-9　起点和终点相同的路径规划

①扫描法。

A. 在地图或方格图中确定所有站点（含仓库）的位置。

B. 自仓库开始沿任一方向向外画一条直线。沿顺时针或逆时针方向旋转该直线直到与某站点相交。判断如果在某线路上增加该站点是否会超过车辆的载货能力，如果没有，继续旋转直线，直到与下一个站点相交。再次计算累计货运量是否超过车辆的运载能力(先使用最大的车辆)，如果超过，就剔除最后的那个站点，并确定路线。随后，从不包含上一条路线中的站点开始，继续旋转直线以寻找新路线，直到所有的站点都被安排到路线中。

C. 对各路线上每个站点进行排序，使行车距离最短，排序时可以使用水滴法。

②节约法。目标是使所有车辆的行驶总里程最短，并且使为所有站点提供服务的卡车数量最少。

A. 先假设每一个站点都有一辆虚拟的卡车提供服务，随后返回仓库，如图 3-10（a）所示，这时的路线里程最长。下一步，将两个站点合并到同一条行车路线上，减少一辆运输车，相应地缩短路线里程，选择节约距离最多的一对站点，并将其合并在一起，如图 3-10（b）所示。

B. 重复该过程直到所有的站点的路线设计完成。

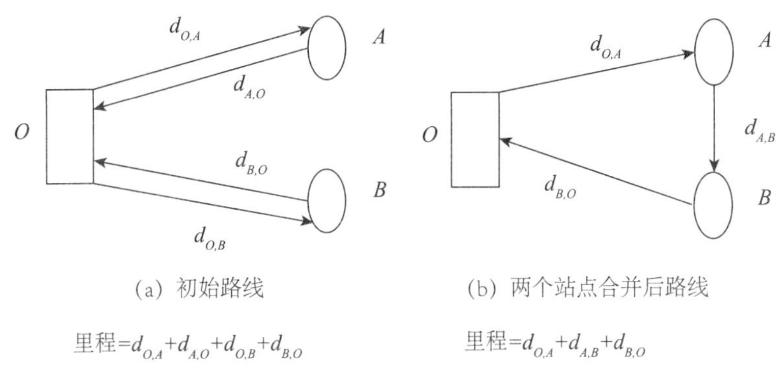

图 3-10 节约法路线设计

3.4.3 共同配送的组织

(1) 共同配送简介。

共同配送是多个原本独立配送的企业，通过一定的组织形式，将各自的物流资源统一整合，进行集中配送的一种物流方式。

共同配送具有规模经济、节省资源投入、提高客服水平及增大客服范围、提高物流技术含量，实现标准化和自动化、改善配送效率等多种优势。共同配送组织建立的步骤和主要内容如图 3-11 所示。

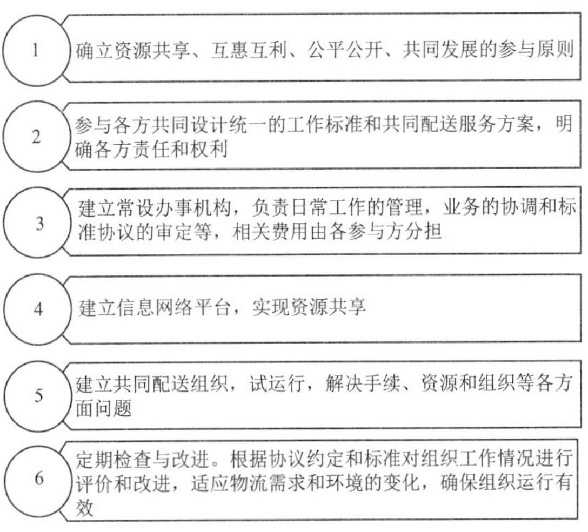

图 3-11 共同配送组织建立的步骤

(2) 共同配送的组织形式。

建立共同配送组织、建设共同配送中心是实施共同配送的关键环节。建立共同配送组织要求各参与企业出于共同的利益和目标，自愿组织建立决策统一、互相配合的共同配送组织。各方应派遣专人进行跟踪和负责，并平衡各方的利益，解决组织运行中的问题，保证决策的顺利实施。在组织建立过程中可进行合理的咨询和论证，以保证组织管理、经济投资等方面的科学合理性。

（3）共同配送中心。

共同配送中心具有统购、存储、统一送货、检验加工、信息收集和处理等多方面的作用。配送中心选址要考虑辐射范围、交通情况及最佳配送路线等因素，方便供货和配送。确定配送中心规模时应考虑商品种类、数量和周转速度，配送服务对象的数量和配送需求等。配送中心设施主要包括储存设备、搬运设备、加工设备及其他附属设备等。

共同配送中心的作业流程如下。

①订货及验收：汇总共同配送企业进货需求，统一订货、收货、验货。

②入库存储或加工。

③订单信息接收及确认：共同配送企业通过信息网络订货，配送中心核实订单信息，确认商品情况。

④出库及拣选：根据各企业订单、配送指令进行货物拣选并出库。

⑤配送：选择最佳方案并进行配送。

（4）共同配送组织可能存在的主要问题（见图 3-12）。

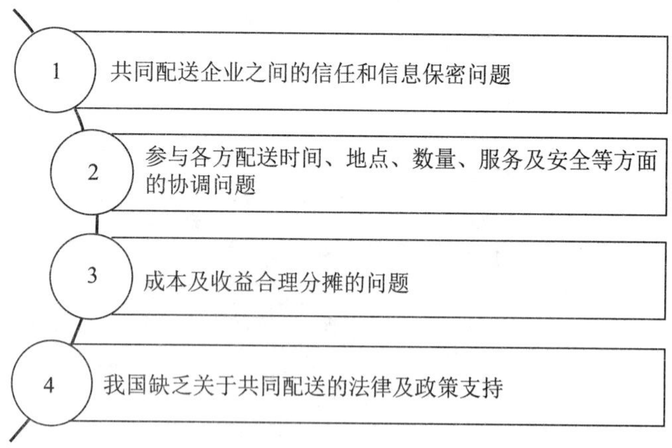

图 3-12　共同配送组织可能存在的主要问题

3.5　物流信息系统规划

3.5.1　信息系统在物流活动中的作用

物流信息系统把各个物流运作行为串联成了一个完整的有机整体。这个有机体由图3-13所示的四个层次的功能组成。作业系统是管理控制、决策分析和战略规划的基石。

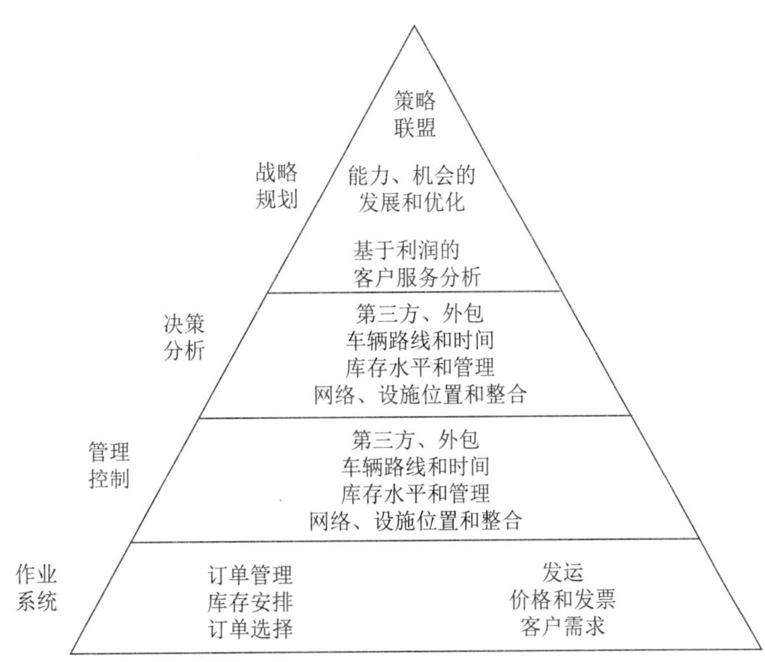

图3-13　物流信息系统的层次

作业系统以正式的规则、标准、流程、操作手册、庞大的交易量和注重日常操作管理为特点，结构化的运作和庞大的交易量的结合要求以信息系统高效的运作和稳定为基础。

管理控制的重点是绩效跟踪和评估。决策分析的重点是软件工具，通过软件的应用，管理者能够对具有战略意义的物流措施做出鉴别、评估和比较，从而提高工作效率。战略规划注重信息，并不断地对物流战略进行完善。

3.5.2　物流信息系统的基本结构

物流的信息流程和运作过程中的管理决定了其信息系统的基本结构和内容，如图3-14所示。

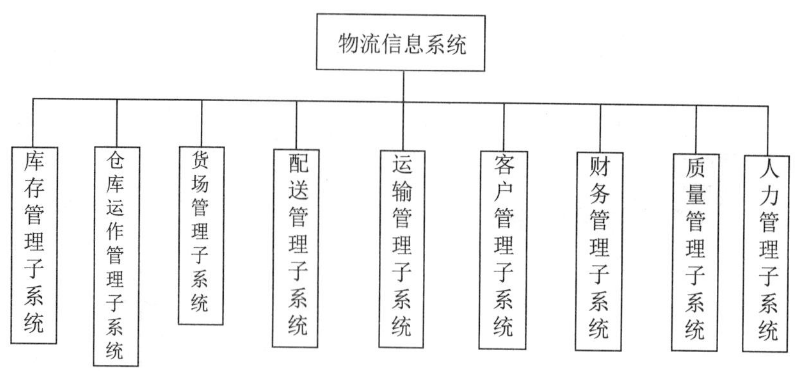

图 3-14 物流信息系统的基本结构

（1）库存管理子系统：这是主要的进销存管理系统，通过对采购补货和客户订单的处理，进行预测补货，生成采购订单并进行传输以及收货后进行库存管理；处理客户订单，提高订单满足率；通过对缺、断货的分析管理、库存周转的管理、异常库存报表的分析为日常库存管理提供帮助。

主要包括以下模块：采购补货预测、采购订单生成、客户订单处理、订单分配、进销存报表、异常库存报表等。

（2）仓库运作管理子系统：仓库内操作活动的管理包括预约管理、收货、上架、订单处理、补货、拣货、集货区管理、退换货管理、残次管理、货物移动管理、货位管理、盘点、关键绩效指标（Key Performance Indicator，KPI）管理等。现如今比较先进的仓库管理系统已经能够对仓库内作业进行统一协调和安排，并按照事先确定的作业原则，自动根据作业点的优先等级及距离进行合理布局，大大提高了作业效率。

如果仓库作业中涉及了射频（Radio Frequency，RF）、射频识别（Radio Frequency Identification，RFID）、自动存取系统（Automated Storage and Retrieval System，AS/RS）、自动分拣机等自动化技术的使用，仓库管理系统（Warehouse Management System，WMS）还需要与设备对接完成对设备指令的操作。

（3）货场管理子系统：有的物流信息系统将这部分安排在仓库运作管理子系统中，有的是单独的模块。其管理配送中心仓库外场地的安排、车辆等待、站台的安排等，目的是提高货场内车辆周转率。

（4）配送管理子系统和运输管理子系统：负责协调车辆、配送路线、装车顺序、装车货物、装车平台、运费结算、GPS（全球定位系统）等。

（5）客户管理子系统：管理客户记录、投诉跟踪分析、将客户的需求及时反馈到相关部门，提高客户需求处理的反应速度，提高客户满意度。

（6）其他管理子系统：人力管理子系统、财务管理子系统以及质量管理子系统等。

物流信息系统是企业 ERP 系统的一部分，必须结合整个供应链进行设计和规划。市场上的任何一个系统软件都不可能完全符合企业自身的需求，必须根据企业战略和经营模式进行相应的开发工作。

沃尔玛的配送中心

管理软件一般分为模块式和定制开发式两种。模块式便于标准化，并易于根据不同企业的需求进行不同的组合，但灵活性一般相对较弱。定制开发式根据企业的自身需求进行量身定做，个性化较强，更能符合企业自身发展的需要，但后期业务变化时的再开发费用和再开发难度较高。

3.5.3 物流管理信息系统的主要流程

物流管理信息系统流程如图 3-15 所示。一方面，该系统是针对供应商的补货系统，另一方面，该系统是处理客户订单及向客户进行配送的系统。生产企业的补货流程是基于需求的生产过程，生产完成后，根据不同地区的销售需求对不同配送中心分配货物。

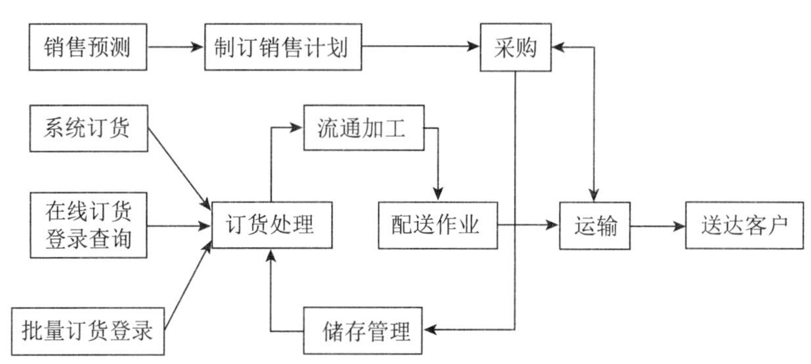

图 3-15 物流管理信息系统流程

3.6 小结

本单元介绍了物流网络规划的原则、内容、规划布局影响因素、物流配送方案设计及物流信息系统规划等内容。

客户满意度和物流总成本最优是物流网络规划的基本原则。物流网络规划主要涉及管理模式和组织架构、客户服务水平和成本分析、库存与运输战略及物流增值服务功能设计等方面的内容。物流网络规划布局中应了解影响布局的主要因素，掌握 EIQ 分析法，物流配送方案设计中应了解物流配送网络的类型及相应的优缺点，掌握起讫点不同的单一路径规划、多个起讫点的路径规划及起讫点相同的路径规划的算法求解和规划方法。了解共同配送的概念、组织建立的步骤及可能存在的问题。物流信息系统规划一节简要介绍了信息系统在物流活动中的作用、物流信息系统的基本结构以及物流信息系统的工作流程。

思考题

1. 物流网络规划的基本原则是什么？为什么会有这些原则？
2. 物流网络布局和规划时应当考虑哪些因素？
3. 物流配送网络主要有哪几种类型？各自的优劣势是什么？
4. 共同配送组织产生的背景是什么？还面临什么样的困难？
5. 物流信息系统在整个物流系统中扮演着什么样的角色？

单元1
概　述

单元2
需求预测

单元3
物流网络规划

单元4
客户服务与
订单管理

单元5
库存管理

单元6
配送与外包管理

单元7
逆向物流管理

单元8
电商物流管理

单元9
大宗商品
物流管理

单元4　客户服务与订单管理

本单元学习目标

通过学习本单元，你应该能够：

1. 了解物流客户服务的含义和主要内容；
2. 掌握销售渠道的价值、选择维护和评价方式；
3. 了解订单管理的目标、原则，掌握订单管理的流程和主要原则；
4. 理解物流客户服务水平的度量、确定和评价方法；
5. 了解物流费用的特征、构成、影响因素和控制方法。

4.1 物流客户服务概述

4.1.1 物流客户服务的含义

（1）物流客户服务的内涵。

物流客户服务是工商企业为支持其产品销售而向客户提供的物流服务。物流客户服务需要满足三个基本要求，即能提供客户期望的物流服务、在客户期望的时间内完成服务和服务质量符合客户的期望。

（2）物流客户服务的意义。

物流客户服务现已成为企业经营差别化的关键一环，是企业差别化战略的组成部分，也是企业差别化营销的重要方式和途径。

物流客户服务水平的确立对经营绩效具有重大影响。市场机制和价格机制的变动通过供求关系决定了物流客户服务的价值及一定服务水平下的成本。

物流客户服务方式的选择对降低物流成本产生重要影响。合理的物流方式不仅提高流通效率，而且能推动企业的发展，成为企业利润的重要来源。

物流客户服务是连接厂家、批发商、零售商和消费者的纽带，可以将来自经销商和消费者的第一线消息传到企业管理层。

4.1.2 物流客户服务的构成要素

按照供应商与客户之间的交易过程，可将物流客户服务中的构成要素分成交易前要素、交易中要素和交易后要素三类。其中，交易前要素是用以营造良好氛围的活动；交易中要素是物流服务自身的构成因素；交易后要素是完成客户购买的服务之后，为保障客户利益，提供售后服务支持的活动。物流客户服务的构成要素如图 4-1 所示。

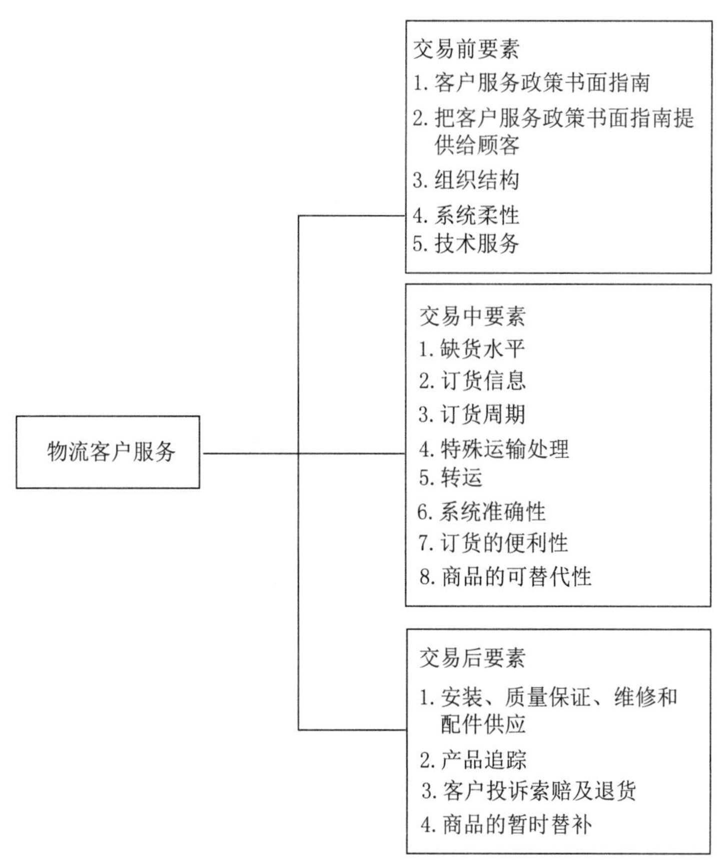

图 4-1　物流客户服务的构成要素

对于不同企业而言，并不存在普遍适用的要素列表，企业物流管理部门应该在明确客户服务政策后，根据不同的细分市场需求的特殊性，合理配置物流客户服务要素。

4.2　销售渠道管理

4.2.1　销售渠道的价值

（1）销售渠道的含义。

销售渠道即分销渠道，是产品（服务）从生产企业转移到消费者或客户所经过的整个渠道，是一群相互依存的组织和个体的集合。

（2）销售渠道的目的。

物流系统与分销渠道密切关联。分销渠道的目的就是在尽量节省成本的前提下，快速、高效地将产品（服务）送到客户的手中。因此，没有分销渠道的一体化，高效的物流系统就不能建立。

（3）销售渠道的价值。

发展分销渠道，凭借分销商的优势，厂商可获得以下利好。

①开拓市场：分销商对其代理的区域市场较为熟悉，并且拥有一批固定的客户群，能够帮助厂商迅速打开市场。渠道成员可通过促销活动刺激产品需求。

②分散和降低风险：分销商对本地客户的资信情况和投资环境更了解，可以帮助厂商规避投资和交易风险。分销商一般周转较快，对账期的要求好于零售商，相对降低了厂商的财务风险。

③获得信息来源：分销商可以收集和传递有关消费者、竞争者和其他渠道环境的信息，并帮助厂商与客户保持沟通，是厂商的重要信息来源。

④降低渠道成本：专业化的分销渠道设置可以使分销成本最小化、交易规范化，还可以减少厂商构建销售网络所必需的高昂费用，降低整体销售成本。

4.2.2 销售渠道的选择和维护

（1）销售渠道类型。

常见的销售渠道类型主要有以下几种。

①直接销售渠道：由厂商直接将产品销售到最终消费者（包括工业用户）的方式。如戴尔、林德叉车等。直接销售渠道可以缩短运输时间、保证产品的质量和售后服务的稳定性。

②间接销售渠道：分销商作为桥梁纽带，具有集中、平衡、扩散及分担风险等功能，但由于流通环节增加，会使物流运作费用增加。

③代销渠道：代销商与厂商不是商品买卖关系，只是接受其委托，办理代购、代销、代运及代存等业务，以佣金或手续费方式赚取报酬，没有商品的所有权。

（2）渠道选择影响因素。

选择分销商时必须考虑以下几方面内容。

①硬件。

A. 分销商的市场范围。要考虑所选分销商的经营范围所包括的地区与企业产品的预期销售地区是否一致。

B. 分销商的产品组合。选择时，一要看分销商有多少“产品线”（即供应来源），二要看其所经销产品的组合关系。

C. 分销商的地理位置。

D. 分销商的二级网点。

②软件。

A. 分销商的产品销售经验。

B. 分销商的财务状况及管理水平。

C. 分销商的人员素质和能力。

D. 分销商的促销政策和技术。

E. 分销商的综合服务能力。

F. 分销商的商业道德和人格品质。

企业需要根据行业、产品及客户定位的特点来选择合适的销售渠道。我国地域广阔，厂商和零售商往往没有能力直接覆盖全部市场。因此，分销商的作用不可替代。大部分企业采用间接销售渠道，特别是分销商模式。

4.2.3 销售渠道的评价指标

良好的渠道管理涵盖业务伙伴的合作、市场营销的组织、高效的物流配送、优质的客户服务等内容。对销售渠道的绩效评估也主要是从这些方面展开。

（1）定性方法。

①渠道成员协作的程度；

②渠道成员矛盾冲突的程度；

③所需信息的可获取程度。

（2）定量方法。

①每个单元的分销成本；

②履行订单的出错率；

③商品的破损率。

表 4-1 从客户服务、劳动生产率、库存周转和财务指标四个方面给出了渠道绩效评价的 KPI。企业应当考虑自身实际情况和定位来设定恰当的 KPI 标准。

表 4-1 渠道绩效评价的 KPI

客户服务	劳动生产率	库存周转	财务指标
库存补充速度	物流成本与销售额的占比	每单位的仓储成本	渠道成本
订单完成率	运输成本比率	库存破损率	销售利润率
送货提前期	累计库存成本	单位运输成本	资产收益率
订单、送货单、票据错误率	定期补充的库存量	回程空载率	资产管理比率

4.3 订单管理

订单管理是指从接到客户订单开始到着手准备拣选货品之间的工作，通常包括管理有关客户和订单的资料、单据处理等内容。

企业应当基于自身的财务、信息系统、配送能力进行恰当的订单管理，以充分利用现有资源，以最优的成本向客户提供最好的服务。

4.3.1 订单管理的目标

订单管理过程应当根据企业实际和目标定位，平衡管理成本和服务质量。

物流订单管理的目标主要包括简化接单作业、降低订单出错率、提高客户服务水平和订单处理效率等。

订单管理过程中，可根据订单产品要求的不同，将订单分为两类（常规订单与非常规订单）分别进行处理，以保证订单能够有效履行。

（1）常规订单：指产品工艺技术成熟，已得到客户的认可，企业已批量生产供货，且现有技术工艺图纸直接或简单改动后，能指导生产的产品订单。

（2）非常规订单：指根据客户要求，需重新进行技术设计的产品；或企业虽然生产过，但已停产或多年未生产，市场基本淘汰的老产品；或质量要求超出企业常规标准的产品；或交付期限紧，且有罚款条款或逾期交货影响企业声誉的订单。

4.3.2 订单管理的流程

订单管理主要包括订单承接管理、订单生产管理及订单产品交付管理等环节。本单元重点介绍订单承接管理和订单产品交付管理两个环节。

（1）订单承接管理的流程。

订单承接管理一般包括订单信息确认、订单评审、商务报价、订单传输、签订合同及生产指令等流程。

①订单信息确认。产品销售部门在接到客户订货信息时，应同客户就产品的订货要求（规格、型号、数量、技术和质量要求，以及交货期）进行确认，确保客户的要求准确无误。

②订单评审。

A. 常规订单：由销售管理中心合同订单管理部门与订单所需产品生产部门共同进行交货期的可能性评审，确定是否接单。

B. 非常规订单：由销售管理中心合同订单管理部门会同订单所需产品生产部门，组织技术、生产、质量部门人员（必要时要求物流管理中心领导参加）进行订单承接可行性评审。

③商务报价。

A. 常规订单：企业有销售指导价格的，由合同订单管理部门根据指导价和下浮授权进行商务报价和定价。

企业无销售指导价格，且近期生产过，由合同订单管理部门咨询产品部门核算产品成本，与销售部门领导确定产品价格。

企业无销售指导价格，且未生产过或采取外包形式的，由合同订单管理部门会同产品生产部门人员、核算员、采购员，估算产品成本，与销售部门领导确定产品价格。

B. 非常规订单：由技术商务部门进行成本核算，根据业务员的建议价、订单客户行业、地区性、竞争厂家以及业务提成等因素，拟订综合管理系数后进行商务报价。

④订单传输。订单传输是指订货请求从发出地到录入地的传输过程，基本方式包括人工、电话、传真、网络订单、电子数据交换（Electronic Data Interchange，EDI）订单。如图 4-2 所示。

方式	说明
人工方式	• 包括邮寄订单或由销售人员亲自将订单送到录入地点，现已基本不再使用
电话方式	• 包括免费电话、数据电话。由于此种方式在控制环节容易出现问题，也基本不再使用
传真方式	• 很多企业还在使用传真，但会存在传输订单不清晰的情况，供应商需要专门的系统录入人员
网络订单	• 是指通过上游企业的网络直接下订单，或者下游企业直接在自己的网络上设定订单，与供应商约定订单发布时间，供应商人员定期在网络上找客户订单，并下载到自己的系统中进行处理
EDI订单	• 利用互联网将供需双方的系统连接在一起，需方发出电子订单，供方直接将订单转入订单处理系统

图 4–2　订单传输的方式

其中，EDI 订单速度快，既保证准确率又可以节省人力，但需要考虑双方的商品编码的转换。

⑤签订合同。采用企业合同范本，由业务员或销售内勤拟定，合同订单管理部门领导签批。如有变更条款，合同订单管理部门领导审核，法务主管签批。

⑥生产指令。订单合同经双方签订后，销售部门应及时、准确下达生产指令单（通知单）到生产部门经理；所有合同履行过程中，客户有更改的，销售部门应在接到客户更改通知的第一时间内，根据更改情况作出反应；当产品要求的更改或修订影响原生产交货期计划时，应报告部门领导重新进行交货期评审。

（2）订单生产管理流程。

订单生产管理流程的主要内容是计划管理和过程管控，需要生产、加工、采购、技术、质量管理等部门协作完成。具体内容详见生产物流管理。

（3）订单产品交付管理流程。

订单产品交付管理流程一般包括下达发货指令、组织发运、信息记录和反馈等。

①下达发货指令。在认真核对合同和货款到位情况后，按管理要求开具发货通知单，一般提前向成品库和储运部门下达发货指令，明确到货时间、地点等要求，防止多发、错发和延迟到货时间。

②组织发运。成品库管理员接到发货通知单后，应根据通知单上的客户名称、订单项目、产品规格、型号、数量、备件或配套件要求等信息，在发货前进行确认、组织和标识。

储运部门接到发货通知单后，组织自有车队或依照规定联系和确定承运方，按时发运和收回承运方签字回执。因特殊原因不能按时发出，应及时反馈原因，并估算可发运时间及到达时间，及时与客户沟通。

③信息记录和反馈。订单处理过程的最后环节是不断向客户报告订单处理过程中的情况或货物交付过程中的情况，确保优质服务。销售内勤、内务人员接到发运回执后，及时告知客户发运情况，同时进行记录。

当接到客户反馈货物损坏信息时，应及时通知售后服务部门、储运部门领导和运输费用支付审核人员。由售后服务部门研究并确定服务办法回复客户；储运部门组织质量、生产部门进行损坏原因分析和进行索赔。

订单信息反馈采用的主要方式是 ASN（Advanced Shipment Notice）。ASN 是指将订单处理后有关订单满足、送货时间、预计到达时间、送货车辆等信息通过电子或传真方式，通知给客户的一种方式。

通过实行 ASN，客户可以事先获得信息，库房能够提前安排收货站台、收货人员等一系列工作，从而减少无效等待时间。供应商也不需要在到货后等待客户的回音，从而节约时间和费用。

4.3.3 订单管理的主要原则

（1）最小订单量（Minimum Order Quantity，MOQ）：考虑运输、订单处理等物流成本，企业会制定相应最小订单量，未能满足此量的客户订单被视为无效订单。零售企业自身的配送，也需要根据企业决策制定相应的最小订单量以避免成本的上升。

（2）订货批量与价格：为了鼓励客户使用大订单，针对不同批量级别的订单量确定不同的价格优惠。如 100 箱为最小订单量，享受基本定价，500 箱享受 1%折扣，1000 箱享受 2%折扣，也可以根据订货总价进行设定。

（3）付款优惠：销售企业为了加快资金回流，降低收款风险，可以制定不同账期的优惠政策，如账期 7 天，可以享受 2%的财务价格折扣等。

（4）配额系统：用于处理需求与供给脱节的情况。无论是生产企业还是流通企业，现有库存都存在不能满足所有客户需求的情况。企业应根据一定的规则制定有限库存的分配方法，特别是针对限额促销和新品上市的情况。

（5）客户订单的取消和补充：应清晰地规定何时何种情况下能够取消和补充订单，并事先与客户进行沟通。另外，同一天同一客户在订单截止时间前的多个订单的处理原则，是合并订单还是以最后的订单为准，均需要明确的定义和沟通。订单截止时间后的订单是否作废，需要根据不同企业的具体情况做相应的规定。

（6）多点送货：同一个客户具有不同的送货地点，特别是在同一城市中，需要制定相应的规则，何种情况可以送，如何收取相应的费用，但对于客户来说，费用依然小于其自身调拨的费用。

（7）订单处理的原则：每一个企业都可以根据自身情况确定订单处理的原则，这由企业对客户服务的策略决定。订单处理优先权的几种情况如图 4-3 所示。

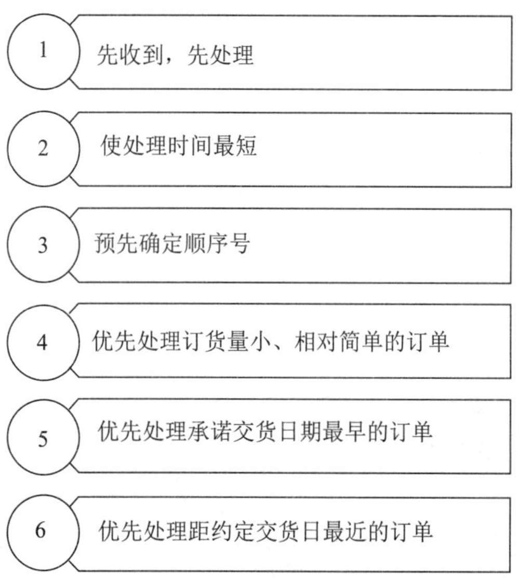

图 4-3　订单处理优先权的几种情况

（8）电商订单：目前，电商的客户是单一消费者。客户根据自身需要在网上寻找合适的商品，然后直接在网络上下订单，选择付款方式和预约送货时间。电商的销售网络与后台的库存直接关联，当客户下订单时，应当告知能否满足，若不能满足有何种选择。订单一旦成功即传入物流系统，则根据客户要求到达的时间、城市和路线进行订单合并与处理，后续送货流程同一般 B2C 物流。

4.4 绩效评价

4.4.1 物流客户服务水平的度量

（1）服务损失函数。

按照日本质量管理大师田口玄一的说法，随着服务（质量）偏离目标值，损失会递增，递增的速度可用以下公式表示：

$$L = k(y - m)^2$$

式中：L—— 单位损失(惩罚成本)；

y—— 质量变量的值；

m—— 质量变量 y 的目标值；

k—— 常数，取决于质量变量在财务上的重要性。

例：某电子商店承诺当天下午 2：00 送货。送货时间超过承诺时间 2 小时，客户就难以接受。如果没有按承诺的目标送货时间送货，公司就会给予客户一定赔偿，罚款是 10 元。这样，可以解出损失函数式中的 k 值：

$$L = k(y - m)^2$$

$$10 = k(2 - 0)^2$$

$$k = 10 \div 4 = 2.5$$

这个服务损失函数表明，所允许的实际送货时间与目标送货时间的偏差越大，那么每次送货的流程控制成本就越低。如果不允许实际值与目标值有丝毫偏差，控制成本就会很高。

（2）缺货导致的收入损失。

美国的一个研究发现，在一家普通超市的下午营业中，购物者会遇到商品目录中 8.2%的品种缺货情况。这些购物者有 30%的概率买不到可替代的另一商品。他们可能会推迟购买或到其他地方选购。这种情况的结果是零售商损失了可能会在缺货品种上发生的 46%的潜在销售额。如图 4-4 所示。

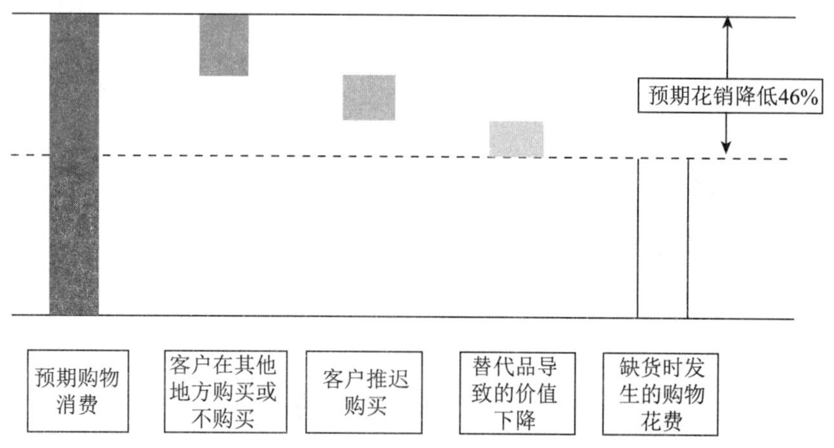

图 4-4　缺货导致的收入损失

客户服务就是“建立与客户的关系”，创建一种客户满意水平，在这个水平上，客户就不再考虑其他供应商的替代品。

综上可知，客户服务的水平直接影响着客户的忠诚度和对实际费用的控制。但选择适合的客户服务策略也需要平衡客户服务水平与流程控制的成本。

4.4.2　物流客户服务水平的确定方法

（1）根据客户对缺货的反应来确定客户服务水平。

零售环节的客户服务水平对销售影响很大，因此必须明确最终客户对缺货的反应模式。某种产品缺货时，客户可能购买同种品牌不同规格的产品，也可能购买另一种品牌的同类产品，或者干脆换一家商店。缺货所造成的损失在前面已表述过。

（2）成本与收益的权衡。

其目标是以最低的物流总成本实现给定的物流客户服务水平。如图 4-5 所示。

（3）ABC 分析与帕累托定律。

将不同产品在不同客户处的贡献度进行区分并列出等级，根据等级确定产品对客户的物流服务水平。

首先绘制出客户-产品贡献矩阵，如表 4-2 所示。不同产品在不同客户处贡献度不同，根据贡献度依次列出 1~20 级。

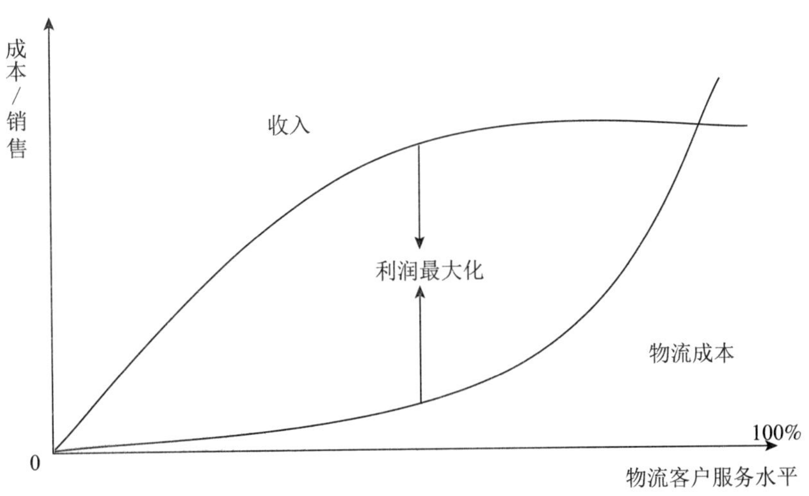

图 4-5 物流客户服务水平与物流成本之间的关系

表 4-2 **客户-产品贡献矩阵**

客户分类＼产品	A	B	C	D
Ⅰ	1	3	5	10
Ⅱ	2	4	7	13
Ⅲ	6	9	12	16
Ⅳ	8	14	15	19
Ⅴ	11	17	18	20

根据客户-产品贡献矩阵确定服务水平如表 4-3 所示。根据表 4-2 中贡献评级，可将其划分为四个优先等级，分别对应存货可供率标准、订货时间标准及按订单送货满足率所代表的物流服务水平。

表 4-3 **根据客户-产品贡献矩阵确定服务水平**

优先等级	存货可供率标准（%）	订货时间标准（小时）	按订单送货满足率（%）
1~5	100	48	99
6~10	95	72	97
11~15	90	96	95
16~20	85	120	93

（4）物流客户服务与80/20原则的结合如图4-6所示。

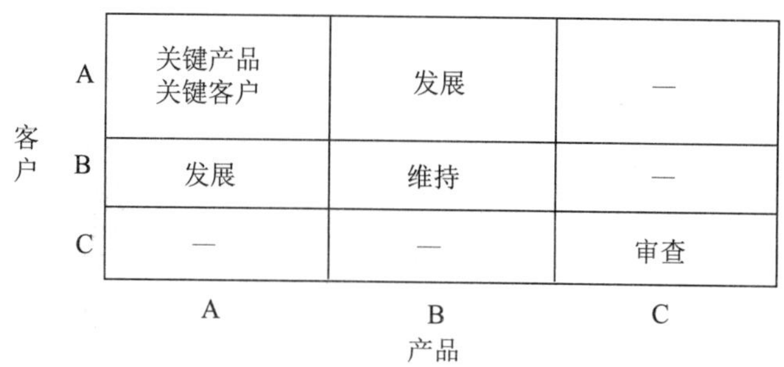

图4-6　物流客户服务与80/20原则的结合

客户关键价值分析如表4-4所示，将产品的获利等级以及客户的关键价值（可接受的延迟的程度）依次序排列，次序数越小代表重要性越高，再将两者按次序相乘，据此得出对不同客户、不同产品的服务优先级次序。

表4-4　客户关键价值分析

产品	获利等级次序	客户的关键价值			等级×关键性	服务优先级次序
		1	2	3		
G	1	—	—	√	3	1
P	2	—	√	—	4	2
R	3	—	√	—	6	4
B	4	√	—	—	4	2
X	5	√	—	—	5	3
Y	6	—	—	√	18	7
Z	7	—	√	—	14	6
H	8	√	—	—	8	5
J	9	—	—	√	27	8
K	10	—	—	√	30	9

关键价值：1表示导致销量损失；2表示可导致轻微的延迟；3表示可接受长期延迟。

这种按客户-产品划分优先服务次序的概念，可以扩展到按照产品划分优先服务次序。如图4-7所示，对于产品需求量高并且产品贡献高的，要提供高度的便利性；对于产品需求量高并且产品贡献低的，要降低产品成本，提升产品贡献；对于产品需求量低并且产品贡献低的，要对产品进行审查，调整市场和营销策略；对于产品需求量低但产品贡献高的，要执行准时制运送，为客户提供高质量服务。

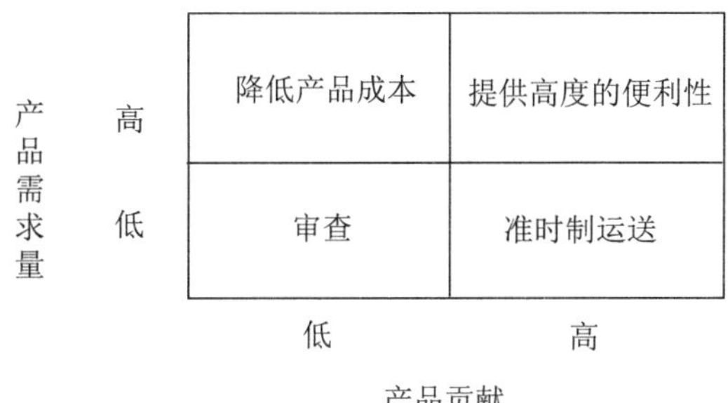

图 4-7 客户-产品优先服务次序确定

4.4.3 物流客户服务的评价指标

确定了物流客户服务水平，企业还要对物流客户服务进行 KPI 跟踪和考核。一般物流客户服务的评价指标如下。

（1）客户满意度：这是概括性指标，反映了企业对客户的重视程度，一般通过问卷、座谈等方式，获得客户满意与否的相关信息，但在绩效考评体系中可操作性较差。因此一般将其分解成若干指标进行评价，如市场份额、企业形象、声誉、客户忠诚度等。

（2）还可以根据服务要素将物流客户服务评价指标分为交易前评价指标、交易中评价指标和交易后评价指标。

交易前评价指标如表 4-5 所示。

表 4-5 交易前评价指标

库存可得性	及时满足客户需求的能力，当需求超过库存可得率时就会出现缺货的现象
目标交付时间（OTD）	计划或承诺交付时间
信息能力	满足交易前客户咨询、运价谈判、培训等需求的能力

交易中评价指标如表 4-6 所示。

表 4-6 交易中评价指标

下订单的方便性	客户通过多种方式订货的可能性以及每种方式的方便程度
订单满足率	一定时间内满足订单的数量和订单总数的比率
订货周期的一致性	订货周期的波动情况
订货周期时间	客户从下订单到接收货物后完成货款结算的实际时间
订单跟踪	对订单货物所处状态进行跟踪的能力
订单处理正确率	一定时期内无差错的订单总数与订单总数的比率
送货及时率	一定时期内准时到货次数和总送货次数的比率
灵活性	满足客户加急发货或延迟发货的可能性及企业应对突发事件的能力
货损率	在物流服务过程中发生损坏或者灭失的货物金额数与货物金额总数的比率

交易后评价指标如表 4-7 所示。

表 4-7　交易后评价指标

票据的及时性	回单、发票等票据的正确性和及时性
退货与调换率	一定时期内退货或者调换的货物总量与发送的货物总量的比率
客户投诉率	客户投诉的次数与总服务次数的比率
客户投诉处理时间	企业对客户投诉进行调查并采取补救措施，从而达到客户要求的总时间

（3）B2C 客户服务指标：电商企业、大型家电企业、家具企业等采用 B2C 模式，由于直接面对消费者，其对应的客户服务指标不同于企业对企业的物流客户服务指标。其客户服务指标主要如下。

①客户投诉率及客户投诉处理及时性。

②送货及时性。

③服务态度。

④是否开箱验机。

⑤退换货及时率。

⑥安装及时率。

⑦为了企业形象，送货人员对企业所规定的要求的执行程度，如工装是否穿戴整齐、是否戴鞋套等。

美国联合包裹运送服务公司 UPS 的物流服务

总之，物流客户服务是物流服务过程中的一部分，客户满意度的高低直接影响着客户忠诚度，进而影响企业的业绩水平。管理人员需要结合销售需求和战略，确定合理的物流客户服务水平并通过考核评价指标执行。

4.5 物流费用

4.5.1 物流费用的构成

物流费用是指在商品运动过程中，如包装、搬运装卸、运输、储存、流通加工、信息传递等环节中所支出的人力、物力和财力的总和。

物流费用由以下几部分构成：

（1）人力成本；

（2）运输成本；

（3）仓储成本；

（4）流通加工成本；

（5）包装成本；

（6）装卸与搬运成本；

（7）物流信息和管理费用。

4.5.2 物流费用的特征

物流费用和其他成本比较，有两个突出的特点，即物流冰山现象和交替损益现象。

物流费用的冰山理论认为，企业中绝大多数物流费用被混杂在其他费用之中，能够单独列出会计项目的，只是其中很小一部分。这一部分是可见的，常常被人们误解为物流费用的全貌，但其实它只是浮在水面上的、能被人所见的冰山一角。

交替损益是物流费用的另一个特点。物流成本往往发生在企业不同的管理部门。部门分割使得相关物流活动无法进行协调和优化，经常出现此长彼消、此损彼益的现象。

4.5.3 物流费用的影响因素

（1）进货方向的选择。

进货方向决定了企业货物运输距离的远近，同时也影响着运输工具的选择、进货批量等多个方面。因此进货方向是决定物流费用水平的一个重要因素。

（2）运输工具的选择。

不同的运输工具，费用高低不同，运输能力不等。运输工具的选择，要同时考虑所运送货物的体积、重量及价值大小以及企业对该货物的需求程度与工艺要求两个方面。在选择运输工具时，要同时兼顾满足生产和销售需要以及物流费用最小化两方面的要求。

（3）存货的控制。

无论是生产企业还是流通企业，对存货实行控制，严格掌握进货数量、次数和品种，都可以减少资金占用、贷款利息支出，降低库存、保管、维护等费用。

（4）货物的保管制度。

良好的货物保管、维护发放制度，可以减少货物的损耗、霉烂、丢失等，从而降低物流费用。

（5）产品废品率。

影响物流费用的一个重要方面是产品的质量，也就是产品废品率的高低。生产高质量的产品可以减少因次品、废品等回收、退货而发生的各种退货费用。

4.5.4 物流费用的控制

（1）物流费用的管理原则。

①从流通全过程角度管理物流费用。控制物流费用不是单一物流部门的事情，需要考虑从产品制成到最终用户整个供应链过程的物流成本效率。比如，物流设施的投资或扩建要根据整个流通渠道的发展和要求而定。

②从营销策略角度管理物流费用。在考虑客户的产业特点和运送商品的特性基础上，与客户充分沟通协调，共同降低物流费用，并利益分享，从而使物流费用的管理直接为市场营销目标服务。

③从信息系统角度管理物流费用。借助现代信息系统，提高物流作业的准确度和信息的迅速分享，从整体上控制物流费用的增长。

（2）物流费用控制方法。

①绝对成本控制。把成本支出控制在一个绝对金额以内的控制方法。标准成本和预算控制是主要方法。

标准成本是指在一定假设条件下应该发生的成本，可分为理想标准、正常标准及过去业绩标准三种，如图 4-8 所示。

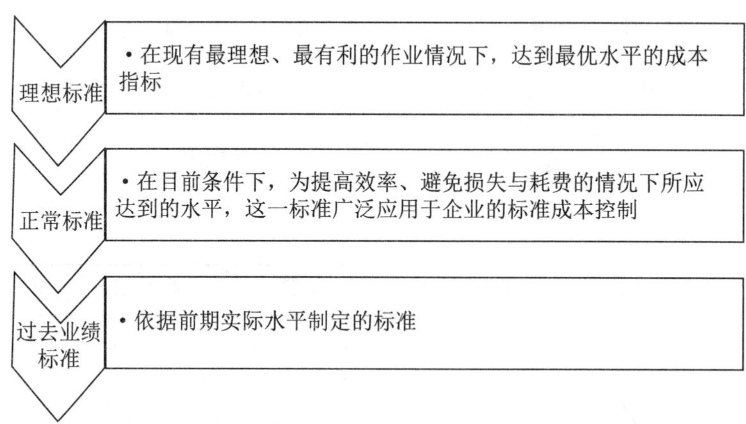

图 4-8 标准成本控制的三种情况

②相对成本控制。通过对成本与产值、利润和服务等指标进行对比分析，寻求在一定制约因素下取得最佳产生经济效益的一种控制技术。

4.6 小结

本单元介绍了物流客户服务和订单管理的主要内容，包括销售渠道的管理、订单管理的各个阶段和实务、绩效评价以及物流费用的控制等内容。

通过对物流客户服务概述一节的学习，我们应该了解物流客户服务的内涵、意义、构成要素等基本信息。销售渠道管理介绍了销售渠道的价值、选择和维护，渠道评价的指标。订单管理一节详细介绍了订单管理的内容和目标，重点介绍了实务操作中，订单管理的订单承接管理和订单产品交付管理的具体流程，并交代了订单管理的主要原则。绩效评价中介绍了物流客户服务水平的度量、确定方法，着重介绍了 ABC 分析、80/20 原则以及物流客户服务水平的评价指标。物流费用部分介绍了物流费用的构成，物流冰山现象和交替损益的特征，并着重介绍了物流费用的影响因素和控制方法。

思考题

1. 物流客户服务的意义是什么？
2. 好的物流客户服务应该包括哪些关键内容？
3. 订单管理过程中如何保证订单准确传递、按期完成和顺利交付？
4. 面对物流费用的交替损益特征，应当如何确定客户服务水平？

单元1
概　述

单元2
需求预测

单元3
物流网络规划

单元4
客户服务与
订单管理

单元5
库存管理

单元6
配送与外包管理

单元7
逆向物流管理

单元8
电商物流管理

单元9
大宗商品
物流管理

单元 5　库存管理

本单元学习目标

通过学习本单元，你应该能够：

1. 理解库存管理的内涵、功能和库存成本的构成；
2. 掌握库存管理策略的主要内容、库存合理化的标志；
3. 掌握安全库存和日常库存管理的基本方法；
4. 了解协同库存管理、联合库存管理的内容。

5.1 库存管理概述

5.1.1 库存管理的内涵

库存管理是指优化商品的存储，使企业在合适的时间，以最低的成本，满足客户对特定数量和质量产品需求的管理活动。

库存意味着资金占用，过量库存会严重降低企业经营的灵活性，特别是一些创新性强、更新快的电子产品企业。一般而言，企业库存水平越低，赢利越多，对市场条件变化的反应能力越强。

有时候适当的库存也是必要的。按照库存的目的，库存的类型可以分为周转库存、安全库存、季节性或促销的储备库存等。

持有库存的主要原因如下：

（1）需求预测失误；

（2）供应商供货的不确定性和延迟；

（3）供应商最小订货批量；

（4）由于进口或生产周期或其他约束条件，存在交货间隔；

（5）存货方法和策略；

（6）库存补充间隔和数量；

（7）战略性库存，基于商业或其他战略考虑所囤积的库存；

（8）采购价格优势，批量采购时供应商提供价格折扣；

（9）客户提前期短于供应商提前期；

（10）存在于供应链的不同位置，包括在途库存等；

（11）交货成本的最小化；

（12）预留或预防性库存。

库存管理要在保持客户服务水平的前提下实现库存成本的最优化。库存管理的主要内容就是分析所需库存数量并建立库存监视和控制机制。简而言之，就是解决订货量和订货时机的问题。

5.1.2 库存成本的构成

库存成本主要包括库存持有成本、订货成本、缺货成本和在途库存持有成本。

（1）库存持有成本。

库存持有成本指为保持库存而产生的成本，包括资金占用成本、存储空间成本、库存服务成本和库存风险成本（库存贬值、损失）。库存持有成本可分为固定成本和变动成本。固定成本如仓库折旧费、人员固定工资等，与库存数量无关。变动成本与库存数量有关，如占用资金的应计利息、破损和变质损失、保险费用等。

（2）订货成本。

订货成本指为向供应商发出采购订单而进行的各种活动的费用，如差旅费、邮资等。

（3）缺货成本。

缺货成本主要包括延迟造成的销售损失；不能及时和全部交货造成的商誉损失及付款延迟的损失；为了满足供应造成的生产中断和计划混乱损失；为解决供应不足，以高于正常水平的价格进行小批量采购造成的损失；从其他地方采购而导致产品质量和规格差异。

（4）在途库存持有成本。

如果企业以目的地交货价出售产品，交货前的在途库存依然属于企业所有，在途库存持有成本也是库存成本的一部分。

5.2 库存管理策略

5.2.1 库存管理的主要内容

库存管理是以控制库存为目的的相关方法、手段、技术、管理及操作过程的集合。这个过程贯穿从企业选址、物流中心布局、销售网点布局、商品选择、订货、进货、入库、储存、出库及商品陈列于货架到最后销售给消费者的全过程。

在一般的库存管理系统中，对库存控制起决定作用或较大作用的要素如下。

（1）企业的选址。

企业的选址是库存控制的最基本要素，如果生产企业的选址远离大部分客户，运输条件差，零售企业的店铺远离配送中心，且形成不了规模，库存水平就很难控制，稳定性也很难保证。

（2）库存地点。

库存放置在何处，是在物流中心还是厂内，在哪一个配送中心？零售企业是将库存放在店铺还是集中在配送中心等，这些都会直接影响库存水平。

（3）订货。

订货频次和订货批量是决定库存水平的非常重要的因素。库存控制建立在一定的输出前提下，需要调整的是订货。

（4）运输。

运输是影响库存控制的外部因素，运输的提前和延误直接影响库存的管理。

（5）信息。

监控信息的采集、传递、反馈是库存控制的关键。信息的准确性也直接影响着预测、订货等的准确性。

（6）管理。

库存控制系统并不是通过一条流水线、一种新技术工艺等硬件系统来获得支持的，而是靠管理。日常的跟踪、分析和及时的库存调整才能够保证库存的合理性。

5.2.2　库存合理化的标志

库存合理化主要根据以下指标判断。

（1）质量。

在存储期间，保证商品的品质不发生变化，包括商品不变质、不损坏等，以实现商品的“时间价值”。

（2）库存数量。

在保证库存功能实现的前提下，要有一个合理的数量范围。既要保证充足的供应，又要不产生库存积压。库存数量的合理性一般以订单满足率和库存周转天数两个指标进行控制和评价。

（3）库存持有时间。

通常，库存数量越大，库存持有时间越长。具体衡量指标往往是库存周转速度，如库存周转天数、周转次数等。

（4）库存结构。

不同销售单位的商品储存数量的比例关系，尤其是相关性很强的各种物品之间的比例关系更能反映库存结构的合理程度。库存结构的合理与否需要结合销售进行分析，一个结构合理的库存，既不会让畅销品缺货，又不会让滞销品积压。

（5）地区分布。

不同地区库存数量和库存结构的比例关系可用来判断与当地需求相比，库存对需求的保障程度，也可用来判断对整体物流服务的影响。

（6）库存费用。

从实际发生的费用来判断各种库存成本的合理性。

5.2.3 库存管理的策略目标

制定库存管理策略必须基于销售策略和客户发展策略，即在物流总成本最低，服务水平最优的前提下制定。以下是制定库存策略的五个关键影响因素。

（1）客户服务策略。

设定不同客户需求的服务水平，设定以大客户为优先还是均等直接影响着库存水平的设定。

（2）产品要求。

不同的产品在销售和收益上具有不同的表现，销售策略也各有不同。选择库存策略必须考虑产品线的利润率。

（3）运输策略。

不同的运输工具或不同的运输半径、反应时效，要求不同的运输策略和相应的库存策略。

（4）时效要求。

客户时效要求决定了物流网点的布局，每一个网点的覆盖半径决定了服务时效，也决定了库存的存放策略。

（5）竞争表现。

竞争对手的策略和市场的竞争压力会促成一个合理的库存策略，以获得客户服务优势或抵消竞争对手的压力。

5.2.4 库存管理方法的选择与评价

（1）选择库存管理方法应考虑的要素。

①需求类型。独立需求依据准确的预测，从属需求依据对它产生影响的产品需求预测。

②企业运作反应方式。拉动方式根据订单生产，由客户需求逐级拉动，直到生产者；推动方式根据预测需求设定库存水平。

③按订单存货和仓库存货。订单存货是需求驱动，仓库存货是根据预测，保持库存的稳定性。

④单独管理和系统化管理。单独管理是对单一地点库存分别进行管理，系统管理是将系统库存作为整体进行最优化管理。

（2）库存管理方法的评价。

库存管理方法有三个基本评价指标，如图 5-1 所示。

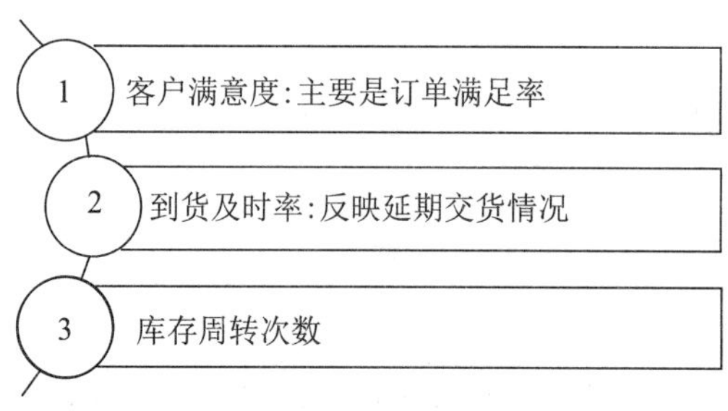

图 5-1　库存管理方法的评价指标

5.3　订货策略与安全库存

5.3.1 订货策略的基本概念

（1）订货策略的主要内容。

订货策略就是决定什么时间对库存进行检查、补充以及每次补充的数量。主要包括以下内容。

①订货点：库存某种物料或产品，由于生产或销售的原因导致库存量逐渐减少，当库存量降低到安全库存时，发出的订单所订购的物料（产品）刚好到达仓库，此订货的数值点即为订货点。

②订货批量：企业一次性订货的数量。

③订货提前期：从订货开始到收到订货批量为止的一段时间。

（2）主要的订货策略。

订货策略相关决策变量主要有检查周期 t，订货点 R，订货批量 Q，最大库存量 S。订货策略组合如表 5 - 1 所示。

表 5-1　　订货策略组合

订购频率	订购数量	
	Q 固定	S 固定
R	*R*，Q	*R*，S
t 固定	t，Q	t，S

①（*R*，Q）策略：对库存进行连续性检查，当库存降低到订货点 *R* 时，每次的订货批量保持不变，都为固定值 Q。适用于需求量大、缺货费用较高、需求波动性很大的情况。

②(*R*，S）策略：连续检查库存，库存降低到订货点水平 *R* 时开始订货。订货后使最大库存量保持不变，即为常量 S。

③（t，Q）策略：每隔一定时期 t 检查库存，并补充 Q 量的库存。

④（t，S）策略：每隔一定时期 t 检查库存，并发起一次订货，把现有库存补充到最大库存量 S。适用于一些不是很重要的或使用量不大的物资。

5.3.2　EOQ 订货模型

（1）EOQ 简介。

经济订货批量（Economic Order Quantity，EOQ）是固定订货批量模型的一种，也是最常用的订货模型。EOQ 可以用来确定企业一次订货（外购或自制）的数量。当企业按照经济订货批量订货时，可实现订货成本和储存成本之和最小化。

订货数量与成本的关系如图 5-2 所示。

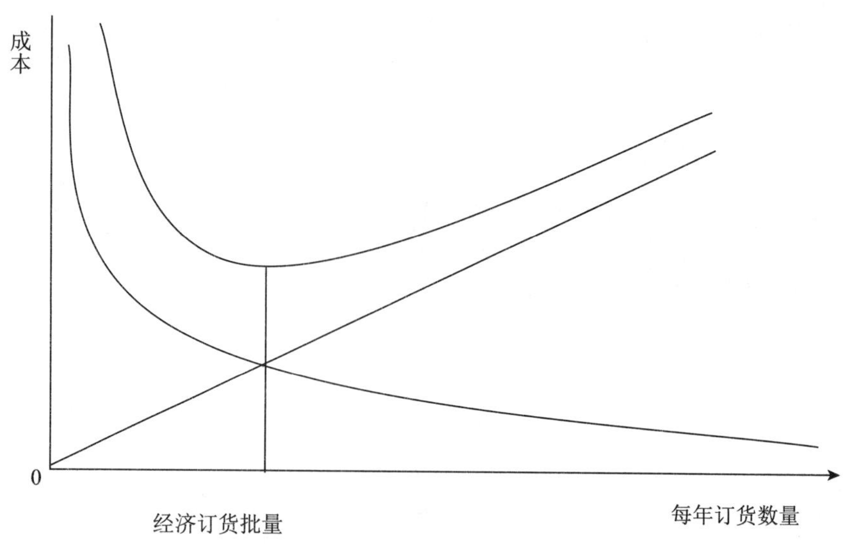

图 5–2　订货数量与成本的关系

（2）EOQ 模型的假设。

经济订货批量模型适用于整批间隔进货、不允许缺货的存储问题，即某种商品单位时间的需求量为常数，存储量以单位时间消耗数量 D 的速度逐渐下降，经过时间 T 后，存储量下降到零，此时开始订货并随即到货，库存量由零上升为最大库存量 S，然后开始下一个存储周期。

（3）EOQ 模型的计算公式。

在 T 周期内的总库存成本为：

$$TC(Q) = PR + \frac{CR}{Q} + \frac{PFQ}{2}$$

经济订货批量计算公式为：

$$Q^{*} = \sqrt{\frac{2CR}{PF}} = \sqrt{\frac{2CR}{H}}$$

其中，Q^{*} 为经济订货批量；C 为单次订货成本；R 为年总需求量；P 为货物单价（元/件）；F 为每件存货的年保管费用占其价值的百分比；$H=PF$，为单位产品的年库存成本，即每件存货的年平均库存保管费用。

例：已知某工厂对某种工业原料年需求量 $R=30000$，每单位该工业原料价格为 P，年库存成本 H 为 20 元，订货规模 Q 为 600 单位/次，单次订货成本 C 为 30 元。

问：① 现行情况下库存费用是否经济？

② 如果不经济，现库存与经济库存比，库存费用相差多少？

解析：① 已知 $R=30000$ 单位，$H=20$ 元，$C=30$ 元。则 $Q^*=\sqrt{\frac{2CR}{H}}=300$ 单位/次<600 单位/次。

现行情况下库存费用不经济。

②经济情况下，算式如下。

采购费用：$PR=30000P$。

订货费用：$\frac{CR}{Q^*}=3000$ 元。

保管费用：$\frac{Q^*H}{2}=3000$ 元。

总成本：采购费用+订货费用+保管费用=$30000P+6000$。

不经济情况下，算式如下。

采购费用：$PR=30000P$。

订货费用：$\frac{CR}{Q}=1500$ 元。

保管费用：$\frac{QH}{2}=6000$ 元。

总成本：采购费用+订货费用+保管费用=$30000P+7500$。

所以，现行情况下总成本与经济情况下总成本相差 1500 元。

（4）应用 EOQ 需要延伸考虑的问题。

① 数量折扣可用基本的 EOQ 公式直接处理。

② 批量生产：从制造角度来看，批量生产规模是指最经济的数量。

③ 多产品购买：同时购买一种以上产品时，必须考虑数量折扣。

④ 有限的资本：在预算限制内必须满足多网点的需求，所以订货批量必须意识到存货投资需要在各个网点分配。

⑤ 运输成本要求：如果对运输成本要求很高的话，企业就应该确保满载率而不用关心 EOQ 批量是多少。

⑥ 总库存成本对于订货批量的变动缺乏敏感性，即订货批量的变化对年订货成本和库存保管成本的影响不是很大。例如：设 $Q=bQ^*$，当 $b=1.2$ 时，总成本的增加比例不超过 1.6%。如表 5-2 所示 。

表 5-2　　总成本与订货批量的变化示例

b	0.5	0.8	0.9	1	1.1	1.2	1.5	2
总成本的增加比例(%)	25	2.5	0.5	0	0.4	1.6	8	25

5.3.3　安全库存

(1) 安全库存的概念。

安全库存(又称保险库存)是指满足订货期间需求增长、到货延期等不确定因素导致的更高预期需求的缓冲存货。

安全库存越大，出现缺货的可能性越小。但库存越大，越容易导致剩余库存的出现。因此，应根据不同物品的用途以及客户的要求，将缺货保持在适当的水平上，允许存在一定程度的缺货现象。

(2) 安全库存量的确定。

安全库存的量可根据客户需求量固定、需求量变化、提前期固定、提前期发生变化等情况，利用正态分布图、标准差、期望服务水平等来求得。

① 服务水平的确定。

公式如下：

订货点的库存量 = 订货期间使用量 + 安全库存

服务水平越高，缺货风险越低，且服务水平 + 缺货风险 = 1。

② 估计安全库存量所要考虑的因素。

a. 随着安全库存投资的增加，服务水平的增量会越来越少。

b. 选择适当的客户服务水平，进而决定安全库存。

c. 客户服务水平、安全库存和生产批量相互影响。

d. 库存超过需求时，预期存货可以作为安全库存。

(3) 安全库存公式。

当提前期为固定常数，且提前期内的需求状况和标准差被确定时，可以利用下面的公式获得安全库存量(Safety Stock，SS)：

$$SS = Z\sigma_D\sqrt{L}$$

式中：Z——一定客户服务水平下需求的安全系数；

L——提前期的长短；

σ_D—— 在提前期内，需求的标准方差。

例：某饭店的啤酒平均日需求量为 10 加仑，并且啤酒需求情况服从标准方差是 2 加仑／天 的正态分布，如果提前期是固定的常数，为6天，试问满足95%的客户满意度的安全库存是多少？

解析：由题意知，$\sigma_D=2$ 加仑／天，$L=6$ 天，由于 $F(Z)=95\%$，查顾客服务水平及安全系数表可知 $Z=1.65$，从而 $SS=Z\sigma_D\sqrt{L}=1.65\times2\times\sqrt{6}=8.08$，即在满足95%的客户满意度的情况下，安全库存是 8.08 加仑。

（4）降低安全库存。

订货时间尽量接近需求时间，订货量尽量接近需求量，可以控制库存使之保持在适量的水平，但供应中断、生产中断的危险也随之加大。有 4 种具体措施可以用于降低安全库存。

①改善需求预测。预测越准，意外需求发生的可能性就越小，还可以采取一些方法鼓励客户提前订货。

②缩短订货周期与生产周期。周期越短，在该期间内发生意外的可能性也越小。

③减少供应的不稳定性。其中一个途径是让供应商了解生产计划，以便他们能够及早做出安排。

④改善现场管理，减少废品或返修品的数量，从而减少由于此种原因造成的不能按时、按量供应的现象。

5.4 日常库存管理

5.4.1 日常库存跟踪分析方法

（1）库存 ABC 管理法。

库存 ABC 管理法又叫库存分类控制法，是把库存按品种和占用资金大小，分为特别重要的库存（A 类产品）、一般重要的库存（B 类产品）、不重要的库存（C 类产品）三个等级。属于A类的是少数价值高的、极重要的产品，属于C类的是为数众多的低价值产品。

由于A类产品占年销售收入的绝大部分，且数量不大，因此应当特别关注。应连续观察A类产品的库存情况，使用更为精细的预测方法，仔细地估计策略运作所需的成本参数。

对B类产品进行周期性观察，采用分组订货方式，而不是单独订货。可以不使用非常精细的预测方法。

对C类产品应当进行最小限度的控制。对需求适中的低价产品采用大批量订货方式，以减少订货频率。

库存ABC管理法特点如表5-3所示。

表5-3　　库存ABC管理法特点

项目	A类产品	B类产品	C类产品
产品的管理方法	按品种、规格	按大类品种	按该区总金额
库存控制计算方法	按具体数学模型计算	按具体数学模型计算	经验统计法
检查频率	经常检查	一般检查	按季或年检查
统计	详细统计	一般统计	按金额统计
控制	严格控制	一般控制	金额总量控制
安全库存量	很低	较大	允许较高

（2）单品库存管理。

库存ABC管理法不足以解决同一产品组中不同存储单元的差异问题，随着信息系统的发展，单品库存管理越来越成为可能。

只有单品库存管理才能真正地进行库存的预测和管理，可以最大限度地平衡产品的库存结构。因此，应当在单品层次制定库存管理政策，根据变化性和价值对单品进行分类，使单品层次的库存管理能够反映供应风险并增加盈利。

5.4.2 新品、促销品库存管理

（1）新品库存管理。

新品上市的市场反应难以预测。生产企业需要设定初期销售目标和基本生产量，即基本铺货和二次补货的量。对于零售企业，则要基本保证货架、堆头需求，备有少量的安全

库存。生产企业尤其需要具备二次补货的能力。

（2）促销品库存管理。

企业不定期进行促销会使库存呈现出极大的波动性，给库存管理和订货带来很大的困难。日常工作中，一般把促销分为限量促销、限时促销和正常促销。根据促销类型的不同，可以相应采取不同的库存管理策略。如表 5-4 所示。

表 5-4 不同促销方式的库存管理策略

促销方式	库存管理策略
限量促销	相对比较简单，只要保证足额库存即可
限时促销	需要根据商品的客户认知度进行判断，一般采用分批订货的方法，第一批订货量相对较大，根据第一天的销售情况，调整下一批次的订货量
正常促销	一般根据企业过往的促销经历，适当地在日常销售上加倍即可，如果供应商的反应速度较快，可采用不同批次订货

特别种类的促销品在库存管理上也要特别注意。如对于保质期要求较高的生鲜商品，会根据商品鲜度的变化随时打折销售，原则上此类商品不保留库存。

5.4.3 库存监控

出于商业目的，企业总会囤放一部分商品，特别是零售企业。库存管理部门需要在日常的库存分析和跟踪中，及时提醒相关部门采取行动。因此，库存管理部门应及时监控现有库存情况。

在日常库存分析中要特别注意高库存商品、滞销商品、新品、退货商品等的库存及缺货率分析，以达到库存控制目标。

（1）高库存商品。高库存商品需要分清是商业囤货商品、订货过多的商品、新品还是滞销商品，并设定库存周转目标。出现商业囤货商品需要提醒相应的采购人员或销售人员；订货过多需要分析原因并调整订货策略，避免长期积压；针对新品需要分析该商品是否适合市场。

（2）退货商品。无论是生产企业还是商业零售企业，从客户或店铺退回的商品都需要及时进行处理。库存管理部门需要分析退货的原因，及时调整品类管理策略及订货策略。

（3）缺货率分析。企业资源计划（Enterprise Resource Planning，ERP）能够提供每个

库存保有单位（Stock Keeping Unit，SKU）的缺货情况，包括数量、品项、金额。应针对每个 SKU 或每个供应商商品进行原因分析，并提出解决方案。

5.4.4 异常库存管理

日常库存管理中，总是存在着一些特殊库存。对于这些库存，需要通过定期的跟踪和分析及时处理，否则就会占用仓库容量且影响订货的准确性。

（1）残次管理：残次商品必须及时整理，并根据企业的规定进行报废或其他处理，在信息系统中从正常可卖库存中移走，否则影响订单满足率。

（2）退货：其是逆向物流的一种。零售企业的店铺退货直接影响库存订货，因为退货直接改变了库存现状，影响了事先的判断。对于零售企业，店铺的退货需及时处理。快速消费品企业常采用残次补贴的方式，避免退货物流。

（3）客户暂存商品：采用 B2C 方式销售家电比较常见。客户购买商品后，企业送货上门，如果发生由于客户临时更改时间而导致货物未送达的情况时，应将货物暂时存放在仓库。并及时与客户沟通，提高仓库的利用率。

（4）已售未提：客户购买商品并不要求立即送货，而是等待一段时间。这时虽然商品已经销售，但实际库存成本并未降低，仓库依然被占用。此部分库存成本是企业为了提高客户服务质量所造成的必然成本，但需要尽快清理，否则也占据仓库资源。

5.5 协同库存管理

库存管理不仅限于企业内部，还需要供应链上下游企业协同才能实现整个供应链库存的整体优化。供应链协同库存管理主要介绍 VMI、JMI 和 ECR 三种形式。

5.5.1 供应商管理库存

供应商管理库存（Vendor Managed Inventory，VMI）即用户将库存决策权代理给供应商，由供应商决定何时补货、补多少货。供应商管理库存的双方签订一个共同的协议，供应商在此协议下管理库存。协议需要被不断监督和修正，并持续改进。其结果是：①买方不再拥有库存，只设定服务水平；②卖方完全控制库存，销售完商品后补充库存。

(1) VMI。

①货物和货权都在供应商处，如早期的准时制（Just In Time，JIT）。

②货物在用户处，但货权属于供应商，如代销、寄售。

③货物和货权都在用户处，但由供应商管理库存并进行补货工作。

(2) 实施 VMI 的条件。

①前提条件：上、下游企业具有战略合作伙伴关系，可共享信息，需求预测准确。

②保障条件：合理的框架协议，以降低成本为目标，高效的结算与支付方式。

③基础条件：先进的信息技术，如条码技术、EDI（电子数据交换）、RFID（射频识别）等，运行平台需要相同的标准。

(3) VMI 的优点。

①减少库存，缩短提前期。

②降低运作成本，降低采购订单、发票、付款、收费等交易成本。

③提高供应链的持续改进能力。

(4) VMI 可能存在的问题。

①对企业间信任程度要求较高，决策过程基本上由供应商单方决定。

②意外损失（如货物丢失、变质、损坏等）一般由供应商承担，加大了供应商的风险。

5.5.2 联合库存管理

联合库存管理（Jointly Managed Inventory，JMI）是在 VMI 基础上发展起来的上下游企业权利、责任平衡和风险共担的库存管理模式。

联合库存管理强调供应链中各个节点同时参与，共同制订库存计划，每个库存管理者都考虑相互之间的协调性，使各节点之间的需求预期保持一致，从而消除需求变异造成的库存放大。其优点为以下四个。

(1) 将传统的多级别、多节点的库存管理转化成核心企业的库存管理，核心企业通过对各种原材料和产成品实施有效控制，可对整个供应链库存进行优化管理，简化了供应链库存管理流程。

(2) 有利于简化供应链库存层次和优化运输路线。在传统的库存管理模式下，供应链上各企业都设立自己的库存，随着核心企业的分厂数目的增加，运输路线将呈几何级数增加且重复交错，这增加了运输距离和在途车辆的数目，大大增加了运输成本。

（3）把供应链系统集成为上游和下游两个协调管理中心，通过共享信息和库存，部分消除了由于供应链环节之间不确定性和需求信息扭曲现象导致的库存波动，提高了供应链的稳定性。

（4）这种库存控制模式为其他科学的供应链物流管理（如连续补货、快速反应、准时化供货等）创造了条件。

5.5.3 有效消费者反馈

有效消费者反馈（Efficient Consumer Response，ECR）是销售商与供应商为消除系统中不必要的成本和费用，给消费者带来更大效益而进行密切合作的一种供应链管理战略。

ECR 是一种观念，不是一种新技术，其主要目的是消除整个供应链管理流程中没有为消费者增加价值的成本，期望能以更快、更好、更经济的方式把商品送到消费者的手中，满足消费者的需求。

（1）ECR 的实施重点。

ECR 的实施重点主要是需求面的品类管理改善和供给面的物流配送方式改进。

需求管理的内容包括需求策略与能力改进、商品组合最佳化、促销最佳化、新品引入最佳化、协同式情报管理等。供给管理主要从提升供应策略与能力、有效供给、操作最佳化等方面改善供应链上的商品流动方式，从而满足整个供应链快速而有效的补货需求。

（2）ECR 预期效益。

通过计算机辅助订货（Computer Assisted Ordering）系统、持续补货程序（Continuous Replenishment Program，CRP）、供应商管理库存系统（Vendor managed Inventory，VMI）系统、交叉理货（Cross Docking）等 ECR 实施方案、技巧的运用，可以实现以下预期效益：

①减少存货成本；

②降低商品售价，商品售价因供应链作业成本效率提升而降低；

③降低缺货率，供货商及零售商能够通过系统间的整合保证商品的快速上架；

④提升销售量，改善卖场内服务质量以及采用合理的商品售价，提升消费者对卖场的

忠诚度。

5.6 协同规划、预测与补货

5.6.1 协同规划、预测与补货（CPFR）的概念

协同式供应链库存管理（Collaborative Planning Forecasting and Replenishment，CPFR），也叫协同规划、预测与补货。是在共同预测和补货基础上，进一步推动共同计划的制订，即不仅合作企业实行共同预测和补货，同时原来属于各企业内部事务的计划工作（如生产计划、库存计划、配送计划、销售规划等）也由供应链各企业共同参与，利用互联网实现跨越供应链的企业成员合作。

5.6.2 CPFR 的组成部分

（1）协同。

从 CPFR 的基本思想看，供应链上下游企业只有确立起共同的目标，才能使双方的绩效都得到提升，取得综合性的效益。CPFR 这种新型的合作关系要求双方长期承诺公开沟通、分享信息，从而确立其协同性的经营战略，这是买卖双方取得长远发展和良好绩效的唯一途径。

协同的第一步就是保密协议的签署、纠纷机制的建立、供应链计分卡的确立以及共同激励目标的形成（例如不但要有销量，也要确立双方的盈利率）。应当注意的是，在确立这种协同性目标时，不仅要建立起双方的效益目标，更要确立协同的盈利驱动性目标。

（2）规划。

1995 年沃尔玛与 Warner-Lambert 的 CFAR 为消费品行业推动双赢的供应链管理奠定了基础。此后当美国产业共同商务标准协会（VICS）定义项目公共标准时，认为需要在已有的结构上增加“P”，即合作规划（品类、品牌、分类、关键品种等）以及合作财务（销量、订单满足率、定价、库存、安全库存、毛利等）。此外，为实现共同目标，还需要双方协同制订促销计划、库存政策变化计划、产品导入和中止计划以及仓储分类计划。

（3）预测。

任何一个企业或双方都能做出预测，但是 CPFR 强调买卖双方必须做出最终的协同预测。如季节因素和趋势管理信息等，这类信息无论是对服装或相关品类的供应方还是销售方都是十分重要的，基于这类信息的共同预测，能大大减少整个价值链体系的低效率、死库存，更好地促进产品销售，节约使用整个供应链的资源。

与此同时，最终实现协同促销计划是提高预测精度的关键。CPFR 所推动的协同预测还有一个特点，是它不仅关注供应链双方共同做出最终预测，同时也强调双方都应参与预测反馈信息的处理和预测模型的设计和修正，特别是处理预测数据的波动等问题，只有把数据集成、预测和处理的所有方面都考虑清楚，才有可能真正实现共同的目标，使协同预测落在实处。

（4）补货。

必须利用需求规划系统通过时间序列预测将销售预测转化为订单预测，供应方的约束条件如订单处理周期、前置时间、订单最小量、商品单元以及零售方长期形成的购买习惯等，都需要供应链双方加以协商解决。根据 VICS 的 CPFR 指导原则，协同运输计划也被认为是补货的主要因素。此外，例外状况的出现也需要转化为存货的百分比、预测精度、安全库存水准、订单实现的比例、前置时间以及订单批准的比例，这些都需要在双方公认的计分卡基础上定期协同审核。

5.6.3 CPFR 实施的九大步骤

九大步骤按内容可分成协同规划、协同预测以及协同补货三类。九大步骤中，步骤 1 与步骤 2 属于协同规划，步骤 3 至步骤 8 属于协同预测，步骤 9 则为协同补货。

（1）协同规划。

协同规划的目的是让供应链成员间的规划活动取得一致的基本假设。共同的基本假设包括确定协同商务关系的基本参数，如协同合作的商品项目、共享的资料、异常状况的定义；确定协同的商业流程范围，如合作的目标、冻结执行订单的时间窗等。

步骤 1：建立合作关系。

首先，买卖双方应共同建立合作的正式商业协议，内容如下：

①明确的合作目标与相关绩效衡量指标；

②协同合作的范围；

③共享的资料，在合作计划中可使用的资源，资源包括人员、资讯系统、专业能力；

④例外状况判定的法则，解决分歧意见的措施；

⑤CPFR 的推动蓝图，如商业流程、互动的方式与技术、检讨机制。

步骤 2：建立联合商业计划。

根据纳入合作的产品项，分别制定清晰的合作策略，包括的内容如下：

①买卖双方交流营运计划以发展出合作产品的营运计划；

②共同定义的品项角色、品项销售目标、达成目标的战术；

③拟定品项订单的最小值（出货的最小订单量）、品项出货的前置时间、订单的冻结期间、安全存量。

（2）协同预测。

协同预测可细分成销售预测与订单预测两个阶段。前者单纯考虑市场需求，后者则以销售预测的结果，考虑产能现实状况后预测可能的订单。

步骤 3：建立销售预测。

利用最终消费者的消费资料，预测品项特定期间的销售情况，消费资料主要有销售时点（Point of Sale，POS）资料、仓储的出货资料、制造商的消费资料、因果资讯分析（销售相关影响因素分析），加上季节、天气、计划性事件（如广告、促销、新品、改型、新店开张）等来分析产品在未来各时程下的销售量。本步骤的事项如下。

①拟定预测时间的范围，例如：第 9~11 周。

②拟定预测的时间单位，例如：月、周、日。

③拟定预测品质的单位基础，例如：单店的销售量、北区的物流中心的总量。

使用历史资料配合相关回归分析模式、时间序列分析进行预测。预测结果应区分为基本的需求与促销的需求两类。

步骤 4：辨识销售预测可能出现的问题。

列出销售预测可能出现问题的例外品项，如爆发性产品，对于异常销售情形应时时监控，以调整策略。

步骤 5：共同处理例外品项。

当异常发生时，上下游应设定一些做法来增加或减少销售以降低对库存的冲击。

步骤 6：建立订单预测。

订单预测由供应商或物流中心主导，基于销售预测或实际销售的结果，考虑制造、仓储、运输产能等制约因素，拟定未来各时程的订单，其作业内容包括：结合销售预测、因果资讯与存货政策，进行未来特定时间、特定地点的品项的订单预测；基于订单预测的结果，供应商可进行产能需求规划。

看怡亚通如何演绎“新流通”

步骤 7：列出订单预测可能出现的问题。

此步骤类似步骤 4，要特别注意产品的销售/订单百分比，若比值高于 1，代表将会有库存发生，比值越高意味库存越多，比值高低与其合理性视各品项而定，根据比值的监视与控制来进行异常状况的订单处理。

步骤 8：共同处理例外品项。

此步骤同步骤 5。

(3) 协同补货。

步骤 9：下单补货。

越海国际：一体化供应链转型之考

经过协同规划、预测阶段后，协同补货决策的难度将大幅降低。根据事先议定的冻结期间订单的预测结果产生订单，冻结期间的长短通常与制造、配送的前置时间相关。对供应商而言，将冻结期间的数量视为已确认的需求量。零售商传来实际的订单后，供应商即计划此部分产能。供应商也可采取供应商管理库存方式，自动补充零售商的存货，并以冻结阶段总量作为补货的规范。

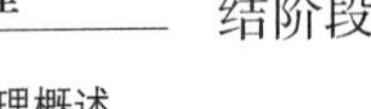

5.7 小结

围绕库存管理的主题，本单元主要介绍了库存管理的概念、策略、方法以及日常库存管理和协同库存管理。

库存管理概述一节介绍了库存管理的定义、持有库存的原因以及库存成本。库存管理策略一节介绍了库存管理的内容、影响因素，着重介绍了库存合理化的指标以及库存管理的策略目标。订货策略与安全库存一节，介绍了在选择和评价库存管理方法时应该考虑的因素和评价指标以及订货的策略与模型，重点介绍了 EOQ 模型下最优订货批次的确定及安全库存量的确定。日常库存管理一节着眼于库存的日常管理，介绍了库存 ABC 管理法，

单品、新品、促销品的库存管理要点，进而介绍了日常库存监控、库存计价和异常库存的管理。协同库存管理一节介绍了一些新的库存管理形式，包括 VMI、JMI、ECR。协同规划、预测与补货一节介绍了 CPFR 的概念、组成部分及实施的九大步骤。

思考题

1. 库存的意义是什么？零库存能否实现？如果能的话，如何实现？
2. 什么是 EOQ 模型？如何采用 EOQ 模型确定最优订货批次？
3. 安全库存量是如何确定的？
4. 日常库存管理包括哪些要点？
5. 协同库存管理的几种方式分别是什么？有什么优缺点？
6. 协同规划、预测与补货包括哪些步骤？

单元1
概　述

单元2
需求预测

单元3
物流网络规划

单元4
客户服务与
订单管理

单元5
库存管理

单元6
配送与外包管理

单元7
逆向物流管理

单元8
电商物流管理

单元9
大宗商品
物流管理

单元6　配送与外包管理

本单元学习目标

通过学习本单元，你应该能够：

1. 理解配送管理的内涵、目标和主要策略；
2. 掌握配送订单管理的内容、方法和原则、流程、程序；
3. 掌握越库配送的基本方法和流程；
4. 了解流通加工的作用、类型及管理方式；
5. 了解配送装载设备的类型、功能和发展趋势；
6. 掌握物流服务供应商的选择与评价方法。

6.1 配送管理概述

6.1.1 配送管理的内涵

配送是在经济合理区域范围内，根据客户的要求，对物品进行拣选、加工、包装、分割、组配等作业，并按时送达指定地点的物流活动。

配送管理主要涉及以下任务：包装、装卸搬运、运输、仓储、流通加工、配送与配送中心的管理。

6.1.2 配送管理的目标

配送成本与配送服务水平之间存在二律背反问题。配送管理的目标就是在一定的配送服务水平和配送成本之间寻求平衡，或者在一定配送成本下尽量提高配送服务水平，或者在一定的配送服务水平下使得配送成本最小。

6.1.3 配送的类型

（1）按配送物品的种类和数量分类。

①大批量配送：品种少，每次配送量大，可使用整车，多为生产企业将物品直接送达客户。

②小批量、多批次配送：品种多，每次配送量不大，配送频次较高。一般销售流通企业、电子商城、家电配送采用这种形式。

（2）按配送时间和数量分类。

按配送时间和数量分类如图 6-1 所示。

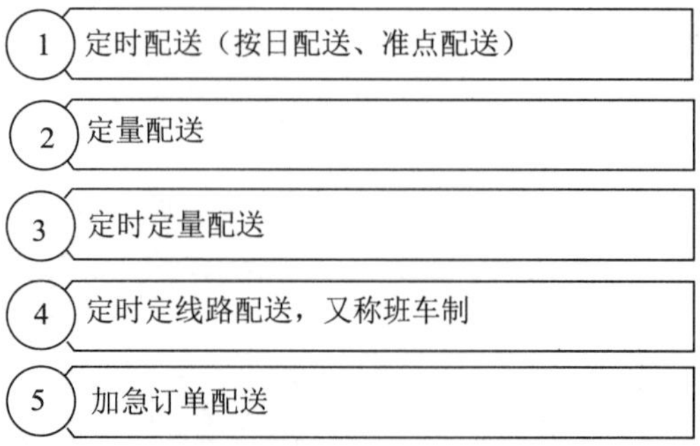

1 定时配送（按日配送、准点配送）

2 定量配送

3 定时定量配送

4 定时定线路配送，又称班车制

5 加急订单配送

图 6-1　按配送时间和数量分类

一般来说，企业的配送服务大都不是单一配送形式，而是多种配送形式的组合。

6.1.4 配送策略

在一定服务水平下保持成本最小是制定配送策略的基本原则。企业的经营模式、产品自身特点等也是制定配送策略时要考虑的问题。

（1）混合策略。

混合策略指配送业务采用企业自营和外包相结合的方式。虽然全部企业自营或完全外包有利于形成一定的规模经济并简化管理，但由于产品品种多变、规格不一、销量不等等诸多情况，过于单一的配送方式会造成规模不经济的情况。采用混合策略，合理安排企业自身完成的配送以及外包给第三方物流完成的配送，才能使配送成本最低。

（2）差异化策略。

当企业拥有多种产品线时，应按产品的特点、销售水平设置不同的库存、不同的运输方式以及不同的储存地点。忽视产品的差异性会增加不必要的配送成本。

（3）合并策略。

合并同类项是制定配送策略的重要原则。它包含一般的配送方法的合并和高层级的共同配送两个层次。如表6-1所示。

表6-1　合并策略的两个层次

层次	方式
一般的配送方法的合并	企业在安排车辆完成配送任务时，要充分利用车辆的容积和载重量，做到满载，这是降低成本的重要途径
高层级的共同配送	这是一种产权层次上的共享，也将其称作其集中协作配送，即几个企业联合并共同利用同一配送设施进行配送

共同配送的标准运作形式是在中心机构的统一指挥和协调下，各配送主体以经营活动（或以资产）为纽带，并联合行动，在较大的地域内协调运作，共同为某一个或某几个客户提供系列化的配送服务。

（4）延迟策略。

延迟策略的基本思想是将产品的外观、形状以及生产、组装、配送等活动尽可能推迟到接到客户订单后再确定。由于接到订单就要快速反应，因此采用延迟策略的基本前提是信息传递要非常快。

实施延迟策略的企业应具备的条件如表 6-2 所示。

表 6-2　　实施延迟策略的企业应具备的条件

维度	条件
产品特征	生产技术非常成熟，模块化程度高，产品价值密度大，有特定的外形，产品特征易于表述，定制后可改变产品的容积或重量
生产技术特征	模块化产品设计、设备智能化程度高、定制工艺与基本工艺差别不大
市场特征	产品生命周期短、销售波动性大、价格竞争激烈、市场变化大、产品的提前期短

延迟策略常采用两种实施方式：生产延迟（或称形成延迟）和物流延迟（或称时间延迟）。配送中心大都具备流通加工功能，所以实施延迟策略既可采用生产延迟方式，也可采用物流延迟方式。

延迟常常发生在诸如贴标签（生产延迟）、包装（生产延迟）、装配（生产延迟）和发送（物流延迟）等过程（或环节）。

（5）标准化策略。

标准化策略就是尽量减少因品种多变而导致的附加配送成本，尽可能多地采用标准零部件、模块化产品。采用标准化策略要求厂家从产品设计开始就要考虑怎样节省配送成本。如服装制造商按统一规格生产服装，直到客户购买时才按客户的身材调整尺寸大小。

6.2　配送订单管理

6.2.1　配送订单处理的基本内容

配送订单处理是指由订单管理部门对客户的需求信息进行及时的处理，它包含从客户下订单到客户收到货物这一过程中的所有单据处理活动。

配送订单处理的主要内容包括接单作业、品项数量及日期的确认和客户信用的确认。

（1）接单作业。

随着流通环境的发展和科技的进步，接单作业的方式经历了从传统的人工下单、接单到如今的电子接单的转变。

①传统订货方式。传统订货方式都存在重复输入、占用时间长及错误率高等问题。传统订货方式如表6-3所示。

表6-3　　传统订货方式

订货方式	含义
厂商铺货	供应商将商品放在车上，给每一家送货，缺多少补多少
厂商巡货、隔日送货	这是供应商派巡货人员提前巡视，根据结果进行补货的方式。巡货人员同样可参与铺货、促销和信息收集等活动
电话口头送货	订货人员将商品名称及数量以电话口述方式向厂商订货，但存在耗时长、错误率高等问题
传真订货	客户将缺货情况整理成书面资料并用传真机传给厂商
邮寄订货	客户将订单或其他资料邮寄给供应商
客户自行取货	客户自行到供应商处看货补货，发生这种情况大多是由于传统杂货店临近供应商需要货物，因此需客户自行到供应商处取货，但这可能扰乱物流作业的连续性
业务员跑单接单	业务员赴客户处推销产品，而后将订单反馈给公司

②电子订货方式。电子订货方式是指订单信息转为电子资料的形式，由通信网络传送。电子订货主要有以下几种形式。

A. 订货簿或货架标签配合手持终端设备扫描：订货人员手持订货簿巡视货架，如发现缺货则扫描订货簿对应条码或者货架标签上的条码，并输入订单数量，传送给供应商或者总公司。

B. 销售时点管理系统：如客户有POS（Point of Sale）机，则可在商品库存档案里设定安全库存，每当销售一笔商品时，电脑自动扣除该笔商品的库存信息，当库存低于安全库存时自动产生订单信息，确认后通过通信网络传送给总公司或者供应商，或者将每日POS销售资料报备给总公司，总公司统筹比对后，根据采购计划向供应商下订单。

C. 订货应用系统：客户系统中如有订单处理系统，可将订货应用系统产生的订单转换成与供应商共通的格式，在约定时间内将信息传送出去。

（2）品项数量及日期的确认。

对订货项目进行基本检查和确认，包括检查品名、数量、送货日期等是否有遗漏、笔误或不符合公司要求的情形。

（3）客户信用的确认。

核查客户的财务状况，确认客户是否具有支付能力，重点检查客户应付账款是否已经超过其信用额度。

6.2.2 按订单分配库存的方法和原则

将订单资料输入系统并确认无误后，最主要的处理作业是根据大量的订单资料，做最有效的汇总分类和调拨库存，以便后续的物流作业能有效进行。库存分配模式可分为单一订单分配和批次分配两种。

（1）单一订单分配。

这种情况多是线上即时分配。输入订单资料时，就将库存分配给该订单。单一订单分配库存流程比较简单，适用于大批量库存分配。

（2）批次分配。

这种分配是汇总数笔已输入的订单资料之后，再一次性分配库存。由于物流中心订单数量多，客户类型等级多，且多为每天固定的配送次数，因此通常采用批次分配以确保库存能有最佳的分配。按批次分配时，应当注意订单的分批原则，即订单批次的划分方法。如表 6-4 所示。

表 6-4　　订单批次的划分方法

划分依据	具体操作
接单时序	将整个接单时段划分成几个区段，如每天有多个配送批次，可配合配送批次，将订单按接单时序分为几个批次处理
配送区域路径	将同一配送区域路径的订单汇总后一起处理
流通加工需求	将需要加工处理或相同流通加工处理的订单汇总后一起处理
车辆需求	若配送商品需要特殊的配送车辆（如低温车、冷冻车、冷藏车）或根据客户所在地的卸货特性要求由特殊的车辆配送，可汇总后合并处理

按批次分配时，选定参与分配的订单后，如果遇到这些订单中有商品的总出货量大于可分配库存量的情况，可依据以下原则来决定订购的优先性。

①具有特殊优先权者先分配。

②依客户等级取舍，优先分配重要客户。

③根据订单交易量或交易金额进行取舍，优先处理贡献度大的订单。

④依客户信用状况，优先处理信用状况较好的客户订单。

6.2.3 配送订单履行的流程

配送订单的履行是企业分销环节的一个核心业务流程。改善配送订单履行的流程，可以大大提高客户服务水平与客户满意度，同时也能够降低库存水平以及物流总成本。

（1）订单履行包括的主要业务活动。

订单履行由与实物有关的活动组成，主要包括以下五个方面。其中有些活动会与订单录入同时进行，以缩短订单处理时间。

①提取存货，生产或采购客户所订购的货物。

②对货物进行运输包装。

③安排送货。

④准备运输单证。

⑤向客户报告订单处理或货物交付过程中的任何延迟。

（2）订单处理的优先权法则。

订单处理的先后次序可能会影响所有订单的处理速度，也可能影响较重要订单的处理速度。优先权法则如图 6-2 所示。

图 6-2 优先权法则

6.2.4 电商订单处理程序

电商订单处理是电商企业对网络客户需求信息的及时处理，是完成电商配送服务的关键环节。它包括从客户下订单开始到客户收到货物为止这一过程中所有的单据处理活动。电商订单处理涉及的主要内容及步骤如下。

（1）订单接收。

接受订货的第一步是接收订单。

（2）订单确认。

①确认所需货物、数量、交期。

②确认客户信用。核查客户的财务状况，一般是核查客户应收账款是否超过信用额度。

③确认订单形态。如一般交易、现金交易、间接交易、合约式交易、寄库存式交易。

④确认订货价格。不同客户和不同的订货数量，可能对应不同的货物价格，在输入价格时应进行审查，若输入价格不符（输入错误或业务员降价接单），应予以锁定，以便主管审核。

⑤确认包装方式。客户所订货物是否有特殊的包装、分包装以及是否贴标签，并确认其是否为易腐、易湿物品。

（3）建立客户档案。

客户档案的内容如表 6-5 所示。

表 6-5　客户档案的内容

（1）客户名称、编号、等级、客户信用额度	（6）客户配送路径的顺序
（2）客户付款及折扣率条件	（7）客户所在地区适合的运输方式、车辆形态
（3）开发负责此客户的业务员资料	（8）客户点卸货特点
（4）客户的配送区域	（9）客户配送要求
（5）客户的收货地址	（10）延迟订单处理方式

（4）库存查询与订单分配。

输入客户所订货物的名称、代码后，系统查对库存资料，查看此货物是否缺货，如有缺货需查看有无替代品或有无采购货物还没入库。

确认订单输入无误后，最主要的就是将订单汇总并分类以及调拨库存。库存分配模式可以是单一订单分配或批次分配。

（5）订单分配后库存不足的处理。

若公司库存不足不能满足客户需求，客户又不接受替代品，则按客户的要求有如下几种处理方法。

①重新调拨。若客户不允许过期交货，而公司不愿失去订单，则有必要重新调拨分配订单。

②补送。若客户允许不足部分可以等有货时再过期交货，公司政策也允许，则采用补送处理；若客户允许不足订单额的部分货物或整张订单的货物留待下一次订货时配送，也采用补送处理。

③删除不足额订单。若客户不接受部分出货或按公司政策不希望分批出货时，则删除订单；若客户不接受过期出货，公司也无法再重新调拨时，则删除订单。

④延迟交货。延迟交货的分类如表6-6所示。

表6-6　　延迟交货的分类

分类	含义
有时限延迟交货	客户允许在一段时间内过期交货，且希望所有订单一起送达
无时限延迟交货	不论延迟多久交货，客户都希望所有订单一起送达，这种情况下需要等所有货物到后再一起配送；需要对延迟订单记录存档或单独列项

⑤取消订单。若客户希望所有订单一起到达，且不允许延期交货，而公司无法再重新调拨时，则取消订单。

⑥订单资料输出。需要打印出拣货单（或拣货单条码）、缺货资料。

6.3　配送需求计划

6.3.1　配送需求计划（DRP）的概念

配送需求计划（Distribution Requirement Planning，DRP），是一种既保证有效地满足市场需要，又使物流资源配置费用最少的计划方法，是物资需求计划（Material Requirement Planning，MRP）与方法在物品配送中的运用。它主要解决分销商品的供应计划和调度问题，达到既有效地满足市场需要又使配置费用最节省的目的。

6.3.2 物流中心 DRP 的原理与运作过程

物流中心 DRP 原理如图 6-3 所示。

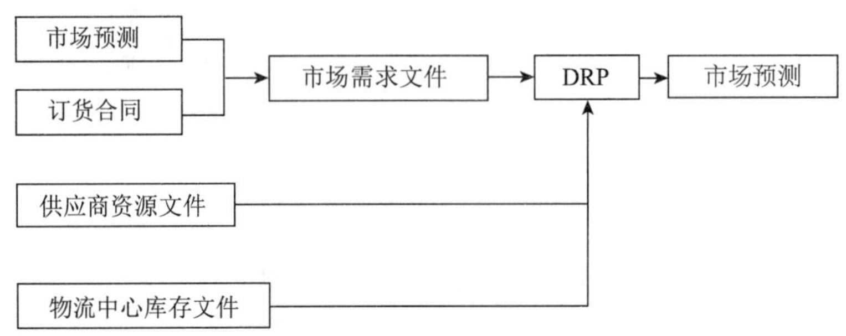

图 6-3 物流中心 DRP 原理

①物流中心 DRP 输入的三个文件。

A. 市场需求文件是指所有客户订货单、提货单或供货合同，也包括下属各子公司、下属各地区物流中心的订货单。将这些按品种和需求日期进行统计，制作出市场需求文件。市场需求文件是进行 DRP 处理的依据，也是进行 DRP 处理的最重要的文件。

B. 供应商资源文件是供应商的可供资源文件。该文件包括可供物品品种和供应商的地理位置等。此文件可供制订订货计划时使用。

C. 物流中心库存文件是指物流中心的仓库里所有库存物品量的列表。物流中心根据它可以确定从仓库里对哪些物品进行提货、送货以及相应的送货量。

②物流中心 DRP 输出的两个计划。

A. 送货计划。对于客户需求的物品，如果仓库里有，就从仓库里进行提货、送货。由于仓库与客户、下属子公司、子物流中心（统称需求者）有一定距离，所以提货、送货需要一个提前时间，才可以保证物品能按要求时间及时送达。

B. 订货进货计划。对于客户需求的物品，如果仓库没有库存量，则需要向供应商订货、进货。因为订货、进货也需要时间，所以也需要设定订货提前期。可以根据供应商资源文件来设定提前期。

③物流中心 DRP 运作过程。

物流中心 DRP 运作过程如图 6-4 所示（实线是物流，虚线是信息流）。

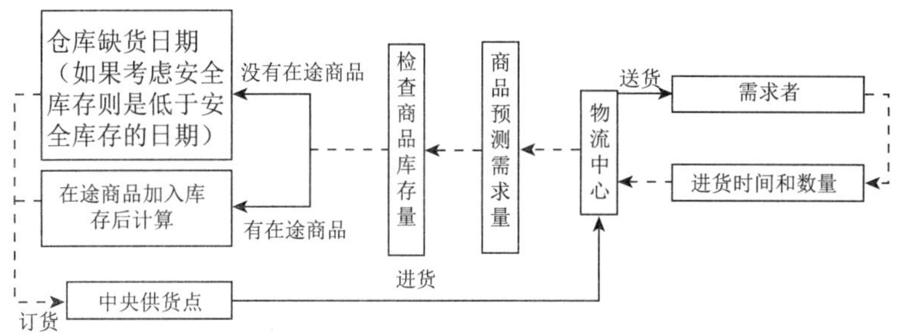

图 6-4　物流中心 DRP 运作过程

物流中心要决定某种商品的需求量，首先需要查询该商品的预测需求量，然后检查该商品的库存量并计算库存能够维持的时间。假如没有在途商品，这里计算的日期是仓库缺货的日期（如果考虑安全库存则是低于安全库存的日期）；如考虑在途商品，必须将在途商品加入库存以确定库存能够维持的时间，这样库存商品与购入在途商品数量之和所需的日期，就是订货、进货到达的最佳日期。商品到达物流中心的日期与中央供货点的装运配送日期可能不一致，这就需要计算供应点的订货、进货提前期。

对物流中心送货的处理，也应该参考送货提前期来确定送货日期，即由需求者的需求日期倒推送货提前期，以确定本物流中心向需求者送货的日期。

这样，既确定了物流中心向供货方的订货、进货日期和数量，又确定了物流中心向需求者送货的日期和数量，这个过程就是 DRP 在物流中心的运作过程。

耐克公司的配送管理

6.3.3　配送需求计划的优缺点

（1）营销上的优点。

①改善了服务水平，保证了递送的准时并减少了客户的抱怨。

②完善了促销计划和新产品引入计划，使之更行而有效。

③提高了预计短缺商品的能力。

④与其他业务环节相互衔接。

（2）物流上的优点。

①通过协调装运降低了配送中心的运输费用。

②DRP 能够确定何时需要何种产品，从而降低了库存水平。

③减少延迟订货现象，降低了客户的运输成本。

④改善了物流与制造之间的存货可视性和协调性。

⑤有效模拟存货和运输需求，提高预算能力。

（3）缺点。

①需要每个配送中心提供精确的、经过协调的预测数，若有预测误差就有可能产生重大问题。

②要求配送设施之间的运输有既固定又可靠的完成周期，完成周期的不确定因素会降低系统的效率。

③由于生产故障或递送延迟，综合计划易受系统紧张或频繁变动时间表的影响。

6.4 越库配送

6.4.1 越库配送的概念

越库配送是指从进货月台进货后，直接到出货月台并将货物送至配送货车上出货，没有入库、储存、拣货等作业。

其主要特征如下：

①将接货、装运时间控制到最少；

②不把货物放入仓库；

③通过信息系统的支持保证实物和信息的有效交换。

6.4.2 越库配送的优点

越库配送的优点如下：

（1）减少入库、储存、拣货等作业时间，提高库存周转率；

（2）减少入库理货费和出库理货费等成本；

（3）为产品高效整合装运提供可能；

（4）支持客户的 JIT 策略；

（5）促进资产的更好利用；

（6）减少固定成本、仓储设施与仓库空间；

（7）降低货物的损坏率；

（8）降低偷窃以及货物贬值的可能性；

（9）加速对供应商的货款支付流程，加深与供应商的伙伴关系；

（10）减少处理库存时相关的文书工作。

6.4.3 越库配送的作业流程

沃尔玛的越库配送

越库配送具体的作业流程如下。

（1）约仓。供应商在送货前一日与配送中心预约人员联系。约仓员问清楚供应商代码、采购单号以及预送日期，每日下班前将第二天预约到货供应商的预验收单打印出来，以备第二天收货。

（2）门卫管理。供应商于预约时间到配送中心，门卫确认后，与收货组长共同根据登记顺序通知其进入配送中心指定月台。

（3）码放托盘。供应商将车辆停泊到指定月台后，依预验收单上所示的标准托盘量进行码放。

（4）验收，建立分播单。供应商码放托盘完毕后，收货员检查供应商是否依标准托盘量进行码放。收货员依公司标准进行验收，并检验商品有关合格证明，若无则拒收，验收签字后，由供应商将其交给单据录入员，由单据录入员录入、存盘并建立分播单。

（5）分播。收货员将分播单附于相对应托盘号上，将相应的货物找出，运到播种区，依分播单的指示将货物分播于各相应门店的托盘上，并将结果交予单据录入员，单据录入员录入系统存档。

（6）整理合流。出货理货员将托盘货物运到相应门店的出货整理区并与当天出货的存储型货物合流，对未装满托盘（或笼车）的货物进行合并托盘作业，将合并托盘结果记录于“托盘/箱明细列表”。

（7）整理回单。整理完毕后，单据录入员在系统内修改记录，将修改后的“托盘/箱明细列表”打印出来，交给出货理货员。

（8）装车。拣货完毕后，出货理货员依据“派车计划”装车，并将回单交给单据室单据录入员，由其制作交运清单，并打印配送单。出货理货员将配送单交给配送司机出车配送。

6.4.4 越库配送需要具备的条件和实施的障碍

（1）实施越库配送必须具备的条件。

①在货物接收之前就有明确的发货计划。

②要对供应商的送货计划和配送中心发运计划的编制规则进行调整，要尽量使供应商送货以及给各个门店配货这两个过程在时间上匹配。

③配送中心有足够的人员与搬运设备，可以有效地使货物进入月台和离开月台。

④有足够的车辆与班次以装卸货物，避免货物被迫存储。

（2）实施越库配送的障碍。

①难以确定对象商品。

②需求不可能达到同步性。

③供应商间缺乏信任。

④设施设备不足。

⑤信息系统的支持还不够充分。

⑥欠缺整体定位和供应链定位。

⑦高速周转的要求，导致企业忽视货物质量的检测。

⑧零储备库存引起缺货的恐慌等。

6.5 流通加工

6.5.1 流通加工概述

（1）流通加工的主要内容。

流通加工是指商品从生产地到使用地的过程中，根据需要实施包装、分割、计量、分拣、刷标志、贴标签、组装等简单作业的总称。流通加工是物流基本功能之一，也是物流增值服务的一部分。

流通加工处于不易区分生产还是流通的中间地带，该过程不改变商品的基本形态和功能，只是完善商品的使用功能，提高商品的附加价值，同时提高物流系统的效率。

流通加工是生产加工在流通环节的延伸，也可以看成是流通环节为了提供更好的服务，在职能方面的扩大，同时也是延迟理论在物流领域的实现。

流通加工和生产加工的区别如表 6-7 所示。

表 6-7　　流通加工和生产加工的区别

	流通加工	生产加工
加工对象	进入流通过程的商品	原料、零配件、半成品
加工程度	简单的辅助性、补充加工	较复杂，完成大部分加工
附加价值	完善使用价值并提高价值	创造价值和使用价值
加工单位	流通企业	生产企业
加工目的	为消费、流通	为交换、消费
所处环节	流通过程	生产过程

（2）流通加工的地位。

①流通加工能有效地完善流通。将客户的个性化生产或促销个性化产品加工放在物流中心操作，使生产更加具有灵活性，流通效率更高。

②流通加工是物流中的重要增值服务，通过满足客户的需求，提高服务水平而成为高附加值的活动。

③流通加工在国民经济中也是重要的产业形态。

（3）流通加工的作用。

①改变功能，促进销售，提高效益。如对洋娃娃玩具、时装等进行简单的装饰加工，改变了产品外观功能，可使商品售价提高 20%以上。

②提高原材料和加工设备的利用率。采用集中进行的流通加工代替分散在各使用部门的分别加工，可以大大减少原材料的消耗和提高功能设备的利用率，如将钢板进行剪板、切裁等。

③提高物流效率，降低物流成本。

④促进物流合理化。

6.5.2　流通加工的主要类型

（1）为弥补生产领域加工不足而进行的流通加工：在生产领域只能加工到圆木、板、方材这个程度，进一步进行下料、切裁、处理等则由流通加工完成。

（2）为适应多样化需求的流通加工：钢材卷板的舒展、剪切加工；平板玻璃按需要的规格开片加工。

（3）为保护产品所进行的流通加工：水产品、肉类、蛋类的保鲜、保质的冷冻加工、防腐加工等。

食品的流通加工

（4）提高效率、方便物流的流通加工：组装性商品（如自行车）。

（5）促进销售的流通加工：蔬菜、肉类洗净切块满足消费者要求。

（6）为提高原材料利用率和加工效率的流通加工：如水泥的预搅拌。

（7）为便于运输使物流合理化的流通加工。

（8）生产-流通一体化的流通加工：如散装水泥中转仓库装袋。

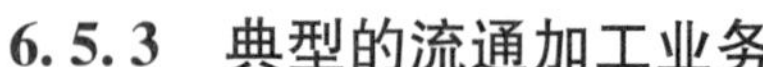

6.5.3 典型的流通加工业务

（1）钢材的流通加工。

剪板加工是指在固定地点设置剪板机进行下料加工或设置切割设备将大规格钢板裁小或切裁成毛坯，从而降低销售起点，便利客户。此外，还有薄板的切断、型钢的熔断、厚钢板的切割、线材切断等。

（2）煤炭的流通加工。

煤炭的流通加工包括：以提高煤炭纯度为目的的除矸加工；将煤炭磨成细粉，再用水调和成浆状，像其他液体一样进行管道输送的煤浆加工；在使用地将各种煤及一些其他发热物质，按不同配方进行掺配加工，生产出各种不同发热量的燃料，将该方式称为配煤加工。

（3）水泥的流通加工。

①水泥熟料的流通加工：按照当地的实际需要，大量掺加混合材料，更好地衔接产需，方便客户。该方式容易以较低的成本实现大批量、高效率的输送，大大降低水泥的输送损失。

②集中搅拌混凝土：将水泥的使用从小规模的分散形态变为大规模的集中加工形态，在相同的生产条件下，能大幅度降低设备、设施、人力等费用；可以采取准确的计量手段，选择最佳的工艺，提高混凝土的质量和生产效率，节约水泥；可以减少加工据点，形成固定的供应渠道，实现大批量运输，使水泥的物流更加合理。该方式有利于采用新技

术，简化工地的材料管理，节约施工用地等。

（4）食品的流通加工。

食品流通加工的四种分类如表 6-8 所示。

表 6-8　　食品流通加工的四种分类

分类	含义
冷冻加工	为了肉类、水产品在流通中的保鲜及易于装卸搬运，采取低温冻结方式
分选加工	农副产品规格、质量离散情况严重，为获得一定规格的产品，采取人工或机械分选的方式
精制加工	农、牧、副、渔等产品的精制加工是在产地或销售地设置加工点，去除无用部分，甚至可以进行切分、洗净、分装等加工，以便分类销售
分装加工	大包装改小包装，适合运输的包装改成适合销售的包装

（5）其他形式的流通加工。

①组装加工：如自行车、摩托车、汽车的组装。

②定制加工：如快速消费品的定制捆绑促销。

6.6　配送装载设备

6.6.1　配送装载设备的类型

配送装载设备是用于提升、搬运和存储商品的机械设备，如图 6-5 所示。

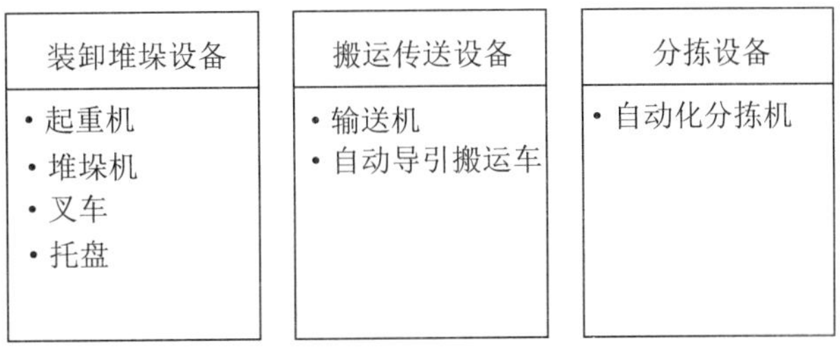

装卸堆垛设备	搬运传送设备	分拣设备
• 起重机 • 堆垛机 • 叉车 • 托盘	• 输送机 • 自动导引搬运车	• 自动化分拣机

图 6-5　配送装载设备及举例

6.6.2 主要的配送装载设备

（1）叉车。

叉车又称铲车、叉式取货机。它是指以货叉作为主要的取物装置，依靠液压起升机构升降货物，由轮胎式行驶运动实现货物的水平搬运。叉车除了叉货以外，还可更换各类取物装置，以适应多种货物的装卸、搬运、堆垛作业。

（2）货架。

货架是用支架、隔板或托架组成的立体储存货物的设施。

货架的功能如下。

①货架是一种架式结构物，可充分利用仓库与配送中心，提高仓库容量利用率，扩大仓储与配送中心储存能力。

②存入货架中的货物互不挤压，物资损耗小，可完整保证物资本身的性能，减少货物的损伤。

③货架中的货物存取方便，便于清点及计量，可做到先进先出。

④可以采取防潮、通风、防尘、防盗、防破坏等措施提高物资存储质量。

（3）手推车。

手推车属于人力作业车辆，适用于在仓库与配送中心中难以实现机械化作业的物流活动。

（4）堆垛机。

堆垛机是专门用来堆码或提升货物的机械。它构造轻巧，人力推移方便，能在很狭窄的走道内操作，可以减轻工人的劳动强度，且堆码或提升高度较高，作业灵活，在中小型仓库内被广泛使用。主要类型包括桥式堆垛机、巷道式堆垛机等。

（5）跨车。

跨车是一种机动车辆，跨在货物上部，通过液压操纵的各种夹具或吊具提起货物。它装有减震装置和悬挂型起升拖架，能在一般路面上快速行驶而不损坏货物，主要用来跨运长而重的货物和集装箱等。

（6）牵引车。

牵引车是用来牵引仓库平板拖车的机动车辆，一般多为轮胎式。当牵引平板拖车与叉车并用时，可使货物装卸作业、运输作业和堆码作业完全机械化。

（7）传送带。

传送带是一种在固定路径上运送散装货物或小件包装货物的设备。

（8）托盘。

托盘是在集装、堆放、搬运和运输过程中，用于放置货物，并作为单元负荷的货物的水平平台装置，是一种用于自动化或机械化装卸、搬运和堆存货物的集装工具。

按照托盘结构分类，其可分为平托盘、箱式托盘、柱式托盘、轮式托盘、特种专用托盘等。

托盘的基本功能是装货物，同时还便于叉车和堆垛机的叉取和存放。托盘既具有搬运器具的作用，又具有集装容器的功能，是物流系统中普遍采用的一种集装器具。

6.6.3 托盘共用系统

托盘的标准化是物流领域的一个重要问题。绝大多数企业都把托盘作为企业内部的周转工具，但托盘只在工厂和仓库中被使用并不能充分发挥其效益。只有物流全程托盘化才能取得良好的效果。

托盘共用系统是指负责托盘租赁、回收、维护与更新的社会服务系统。其目标是加速托盘在生产企业、物流企业和销售企业之间的循环，促进托盘联运和机械化作业，提高物流效率，缩短供应时间，降低物流成本。

托盘共用系统的运作模式主要有交换制和租赁制两种形式。托盘共用系统的分类如表6-9所示。

表 6-9　　托盘共用系统的分类

分类	含义
交换制	系统中所有托盘用户都要购置必要数量的托盘，上下游企业在货物交接时实行同等数量托盘交换
租赁制	系统中所有托盘均为托盘租赁公司所有，客户采取租赁方式使用托盘

（1）交换制。

①实施方法：在发货时，货物单元带托盘发出。提货方必须以与货物单元数量相同的空托盘作为交换，货物在每个环节进行转运时，按照同样规则运作直至到达最终收货方。

②实施关键：在交换制中，托盘的规格与质量必须符合统一标准，否则就会出现不公

平。为此需要有公信力的权威机构进行托盘质量认证，并且对可用于交换的托盘授予规定的标志，使其能够在系统内流通。

③存在的问题：由于企业对托盘没有固定的所有权，交换时主要关注托盘的数量，对于托盘新旧、损伤程度没有明确标准，对将要损坏的托盘往往不考虑拿去维修而是拿出去交换，由于系统中的托盘得不到必要的维护与修理，所以系统中的托盘寿命很短。此外，相关企业要准备相当数量的空托盘用以交换，使系统中空托盘数量增多，从而降低周转率。

（2）租赁制。

①实施方法：租赁制的托盘系统由一个专营租赁公司运作，它拥有大批托盘，可以满足目标客户的需求，同时在各地建立托盘租赁营业点、仓库和回收点，分别负责托盘的市场营销、供应、回收和维护工作。使用托盘的企业，可以向该公司租用所需数量的托盘，在收货地点将空托盘还给就近的托盘回收点，按照合同支付必要的租金即可。

②主要优势：制造企业、运输企业、收货企业都不需要拥有托盘，从而免去了管理托盘的麻烦，这使得托盘作业一体化能够顺利实施，并且使用的托盘总量也大为减少。

③存在的问题：因托盘的地区需求不平衡，在系统运营一定时期后，某些地区必然出现空托盘积压的现象，而这些空托盘移动至需求旺盛地区将产生运输费用。

6.7 物流外包管理

6.7.1 物流外包服务商的选择

（1）物流外包服务商（以下简称“物流服务商”）选择的基本原则。

“QCDS”原则：质量、成本、交付与服务并重。如图 6-6 所示。

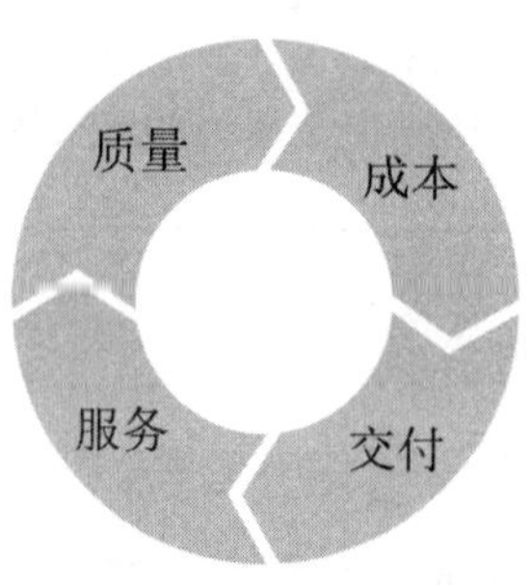

图 6-6 “QCDS”原则

质量因素是最重要的。首先，要确认物流服务商是否建立了一套稳定有效的质量保证体系。其次，通过双赢的价格谈判实现成本节约。再次，在交付方面，需确认物流服务商是否具有物流所需的特定设施、设备和运作能力，人力资源是否充足，是否有扩大产能的潜力。最后，了解物流服务商的物流服务记录。

（2）物流服务商的评估。

在对物流服务商进行评估时，主要分析物流服务商的运作能力、供应的稳定性、资源的可靠性以及综合服务能力等。评估物流服务商的主要内容如表 6-10 所示。

表 6-10　　评估物流服务商的主要内容

评估项目	评估内容
规划能力	物流系统规划、解决方案设计、供应链优化
物流网络	合理分布区域物流中心与城市配送中心
运输能力	零担、整车等多种运输模式；铁路、公路、航空等多种运输方式；费率谈判及与承运人的关系；集货运输与货运代理
仓储能力	进、存、出货作业设施与设备，人员，贴条码和标签，装配及退货处理等
信息水平	计算机、网络设备与应用，物流软件，呼叫中心，信息服务
管理水平	管理层、标准业务流程、质量体系、员工培训、企业文化
服务水平	绩效评价体系、客户群、客户评价

每个企业外包业务不同，评估考核的方面及侧重点也不同，需要根据自身需求设计评估项及权重。可以根据需求分别进行物流项目外包，比如运输和仓库管理可以选择不同的服务商。

（3）物流服务商的选择方法和流程。

①物流服务商的选择方法。常见方法有直观判断法、评分法、物流成本比较法、招标法、协商选择法。

②物流服务商的选择流程如图 6-7 所示。

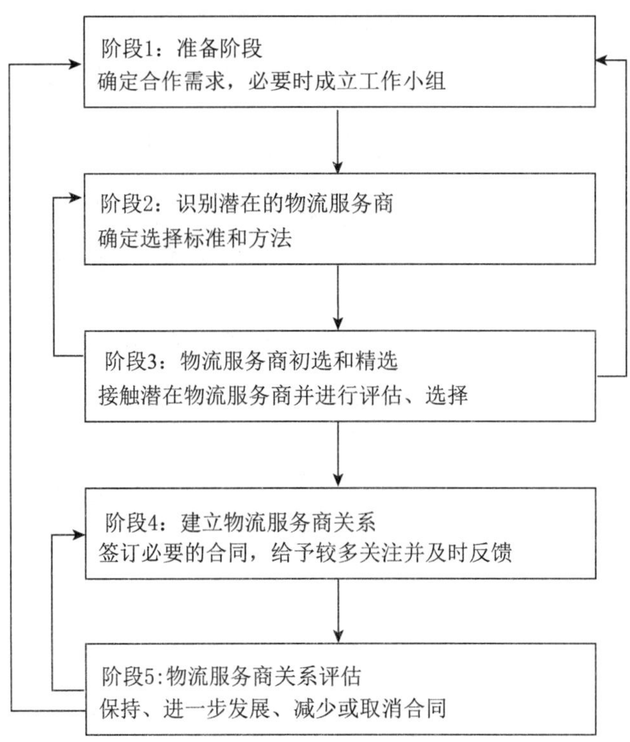

图 6-7　物流服务商的选择流程

6.7.2　物流外包风险的管理

（1）物流外包的风险。

物流外包的风险主要有物流控制风险、客户关系管理风险和连带经营风险三个方面。

①物流控制风险。外包常常使企业失去对一些产品或服务的控制，从而增加企业物流运作的不确定性，并可能由于丧失对外包的控制而影响业务发展。

②客户关系管理风险。企业在接受物流服务时，常常遭受时间延宕、货物受损等困扰，从而影响客户满意度。另外，由于企业不再直接从客户手中得到第一手的资料，如果物流服务商不能及时将客户的反应反馈给企业，企业就无法进一步提高物流服务水平。

③连带经营风险。物流服务商由于自身原因而导致的经营失误，连带影响企业的物流正常经营。

（2）物流外包风险的控制。

在考虑外包优势的同时也必须重视潜在的风险，以系统的、长期的观点来进行物流外包决策，并采取一定的应对策略来防范潜在的各种风险。

①识别企业的核心竞争力。企业应深入分析内部物流状况，并探讨物流是不是企业的

核心能力，分析物流是否能为企业带来外部战略经济利益。只有拥有了合适的合作伙伴，认识外包的重要性，清楚应做的准备工作，才能决定是否实施外包。

②外包伙伴（即第三方物流公司）的选择。需要严格评估并选择合适的物流服务商。

③合同管理。在签订的合同中必须明确双方的责任和权利、法律关系、违约责任、赔偿损失条款、担保条款、保密条款、资产保存和维修条款、价格变动条款及索赔条款等。

④物流外包活动的控制。物流外包能否顺利实施和成功的关键取决于对外包活动的监控和控制是否到位。双方合作中既要监控物流服务商的绩效，又要给他们提供所需的业务信息。企业与物流服务商之间要相互沟通，共同编制操作指引，制定物流作业流程，确定信息渠道，并定期进行不同级别的回顾。

⑤企业内部组织结构的调整。企业物流外包可能会受到企业内部作业流程的制约以及员工的抵制。因此，企业内部组织结构应进行相应的调整，对外包物流功能进行持续有效的监控。

⑥以"双赢"为原则巩固合作关系。物流服务商对企业和企业的客户的服务能力代表企业自身工作水平。外包意味着双方利益是捆绑在一起的，良好的合作伙伴关系将使双方受益。因此，供需双方相互信任和忠诚以及履行承诺是建立良好的外包合作关系的关键因素。

⑦建立物流服务商的竞争模式。选择物流服务商时，应避免仅选择一家物流服务商承担物流外包业务。企业可以选择将物流业务分别外包给两家不同的物流服务商，以避免对某一家物流服务商产生过多的依赖。

6.8 小结

本单元的主要内容是配送与外包管理，内容包括配送管理概述、配送订单管理、配送需求计划、越库配送、流通加工、配送装载设备及物流外包管理。

配送管理概述一节主要介绍了配送管理的内涵、目标以及配送的类型、配送流程的影响因素，重点介绍了成本优先的配送策略。配送订单管理一节介绍了配送订单管理的基本内容、按订单分配库存的方法和原则、配送订单处理的流程、电商订单处理程序以及配送需求计划等内容。配送需求计划一节主要介绍了配送需求计划的概念，物流中心 DRP 的原理和运作过程，配送需求计划的优缺点。越库配送一节主要介绍了越库配送的概念、优点、作业流程以及实施需具备的条件和实施的障碍。流通加工一节介绍了流通加工的概念、作用、类型、方式相关内容。配送装载设备一节简单介绍了配送装载设备的类型，着重介绍了主要配送装载设备的功能、托盘共用系统的运作模式。物流外包管理一节则介绍了物流服务商的选择和物流外包风险管理等内容。

思考题

1. 配送管理中有哪些可选择的配送策略？
2. 按订单分配库存包括哪两种模式？分别适用于什么情况？
3. 什么是 DRP，其运作过程是什么样的？
4. 流通加工和生产加工有什么区别？
5. 托盘共用系统运作模式有哪几种？特点分别是什么？
6. 越库配送所需要的条件是什么？还面临什么样的障碍？
7. 什么时候采用物流外包？物流外包有什么样的优势？

单元1
概　述

单元2
需求预测

单元3
物流网络规划

单元4
客户服务与
订单管理

单元5
库存管理

单元6
配送与外包管理

单元7
逆向物流管理

单元8
电商物流管理

单元9
大宗商品
物流管理

单元 7　逆向物流管理

本单元学习目标

通过学习本单元，你应该能够：

1. 了解逆向物流的主要内容；
2. 理解逆向物流的特点及逆向物流管理的难点；
3. 掌握逆向物流系统设计的原则、业务流程、组织模式；
4. 了解制造和商业企业回收物流管理的主要内容和方法；
5. 掌握包装物回收的特点、原则和方式等；
6. 理解绿色物流的基本概念和主要内容。

7.1 逆向物流管理概述

7.1.1 逆向物流的主要内容

（1）逆向物流的内涵。

逆向物流是指为使原料、在制品及成品从制造厂、配送站或消费地向回收点或其他处置场所流动而进行的规划、实施和控制过程。（1998 年欧洲逆向物流工作委员会定义）

逆向物流的目的是重新获得废弃或有缺陷产品的使用价值或是对最终的废弃物进行正确的处理。其物流对象是产品、用于产品运输的容器与包装材料及相关信息。逆向物流过程中不仅包括物品的实体流动，还包括现金流、信息流及商流的流动。

（2）逆向物流的分类。

①按照回收物品的渠道可分为退货逆向物流和回收逆向物流。按回收物品的渠道分类如表 7-1 所示。

逆向物流反击战——飞利浦减少退货策略解读

表 7-1　按回收物品的渠道分类

类别	含义
退货逆向物流	指下游客户将不符合订单要求的产品退回给上游供应商，其流程与常规产品流向正好相反
回收逆向物流	指将最终客户所持有的废旧物品或质量有问题的产品回收到供应链上的各节点企业

②按照逆向物流的形成原因可分为投诉退货、终端使用退回、商业退回、维修退回、生产报废和副品及包装品逆向物流六大类别，如表 7-2 所示。

表 7-2　按逆向物流的形成原因分类

类别	内容
投诉退货	由于运输差错、质量问题等原因，常在售出短时期内发生
终端使用退回	对象主要是完全使用之后需处理的产品，发生在售后较长时间。收回可能是出于经济考虑，也可能是出于法律义务
商业退回	指对未使用的产品进行退款
维修退回	指产品在出售之后由于售后服务承诺条款等要求退回制造商进行维修处理，通常出现在销售的中期

续 表

类别	内容
生产报废和副品	一般是由于经济和法律原因，发生周期较短，不涉及其他组织。通过再生产、再循环，产品可以重新进入制造环节，得到再利用
包装品逆向物流	对象主要是托盘、包装袋、条板箱、器皿，出于经济原因，对可重复使用的包装材料和产品载体进行检验、清洗、修复等并循环利用，降低制造商的制造费用

7.1.2 逆向物流的特点

（1）分散性。

由于逆向物流产生的大部分原因与产品的质量和数量的异常有关，任何领域、任何部门、任何个人、任何时间都有可能发生，产生原因的多元性使其在流通渠道中的分布具有分散性。

（2）缓慢性。

逆向物流开始时数量少、品种多，通过不断汇集，形成较大规模。这些产品只有经过加工、改制等环节后才能重新被利用，甚至有些产品只能作为原料回收利用。此外，这些产品的收集和整理也是一个复杂的过程，这个过程具有缓慢性。

（3）混杂性。

逆向物流中往往将不同种类、不同状态的产品混杂在一起，必须经过检查、分类后，才能进行区分。

（4）多变性。

由于逆向物流的分散性和消费者的不同要求，企业很难控制回收时间和空间，从而导致了多变性。主要有以下四个方面的表现：

①不确定性；

②处理系统与方式复杂多样；

③物流技术具有一定的特殊性；

④成本相对高昂。

（5）难以预见性。

逆向物流产生的时间、地点、数量难以预见。这种不确定性来自两个方面，一是内部不确定性，包括产品质量水平、再制造交货时间、处理的产出率等；二是外部不确定，即处理过程之外的不确定性，包括逆流物返回的时间、数量和质量、需求的时间和水平等。这些将产生不稳定的库存、不准确的生产计划、市场竞争力的缺失等现象。

7.1.3 逆向物流管理的基本原则

（1）事前防范原则。

逆向物流使供应链成本额外增加，因此重点在于如何减少或消除这种物流的发生。

（2）绿色原则。

绿色原则即“5R”原则：研究（Research）、再利用（Reuse）、减量化（Reduce）、再循环（Recycle）、修复（Rescue）。

（3）效益原则。

现代物流涉及经济与生态环境两大系统，是经济效益和生态环境效益彼此联系的桥梁。经济效益关系目前和局部的利益，生态环境效益则关系宏观和长远的利益。

（4）信息化原则。

尽管逆向物流具有极大的不确定性，但通过信息技术的应用，可以帮助企业提高逆向物流的效率和效益。

（5）法制化原则。

在逆向物流管理中，需要法律法规来约束不正当的逆向物流。

（6）社会化原则。

在逆向物流管理中，需要企业和公众共同参与。

7.2 逆向物流系统设计

7.2.1 逆向物流业务流程

逆向物流业务流程包括收集或回收、预处理、再处理、产品再循环、产品再分配和废弃物的报废处理等。如图 7-1 所示。

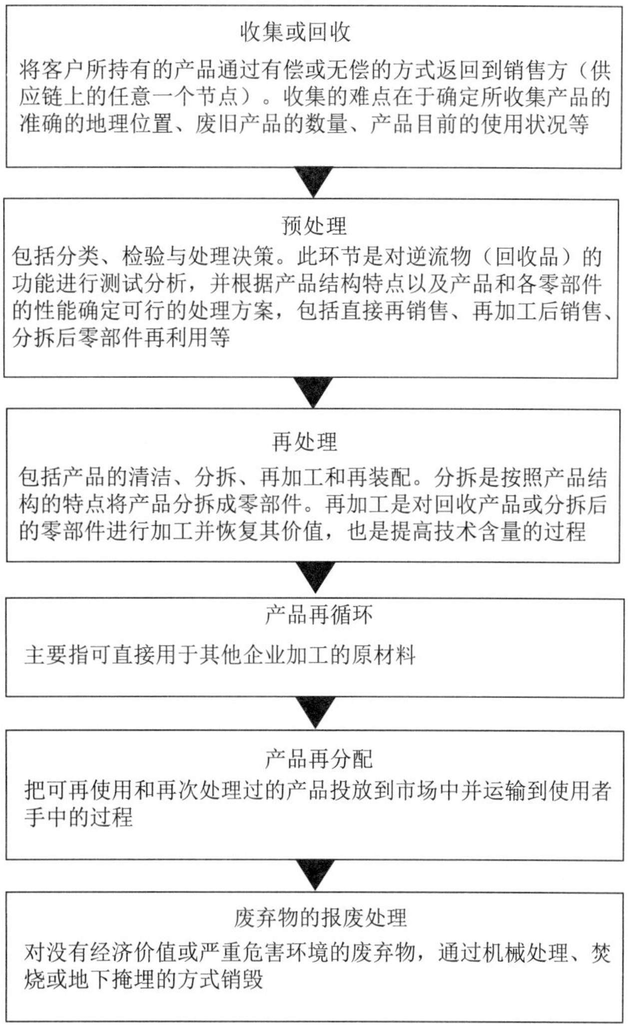

收集或回收

将客户所持有的产品通过有偿或无偿的方式返回到销售方（供应链上的任意一个节点）。收集的难点在于确定所收集产品的准确的地理位置、废旧产品的数量、产品目前的使用状况等

↓

预处理

包括分类、检验与处理决策。此环节是对逆流物（回收品）的功能进行测试分析，并根据产品结构特点以及产品和各零部件的性能确定可行的处理方案，包括直接再销售、再加工后销售、分拆后零部件再利用等

↓

再处理

包括产品的清洁、分拆、再加工和再装配。分拆是按照产品结构的特点将产品分拆成零部件。再加工是对回收产品或分拆后的零部件进行加工并恢复其价值，也是提高技术含量的过程

↓

产品再循环

主要指可直接用于其他企业加工的原材料

↓

产品再分配

把可再使用和再次处理过的产品投放到市场中并运输到使用者手中的过程

↓

废弃物的报废处理

对没有经济价值或严重危害环境的废弃物，通过机械处理、焚烧或地下掩埋的方式销毁

图 7-1　逆向物流的业务流程

7.2.2　逆向物流的组织形式

（1）职能型逆向物流组织。

在职能型组织结构中，有拥有对逆向物流活动的决策权并承担相应的责任的组织，并且有具体负责的部门和人员。当逆向物流活动对企业很重要时，企业就会建立正式的逆向物流组织结构。

（2）半正式（矩阵型）逆向物流组织。

逆向物流计划与运作往往贯穿于企业组织的各种职能中，逆向物流管理者负责包括回收物流部门与其他职能部门相交叉的合作内容，这种结构方式称为矩阵型组织。

在矩阵型组织中，逆向物流管理者负责整个逆向物流系统，但对其中的具体活动并没

有直接的管辖权。由于权力和责任界定模糊，在实际运作中，矩阵型组织往往会导致部门间发生冲突。

（3）非正式逆向物流组织。

逆向物流组织的主要目标是计划不同的逆向物流活动，并控制它们，使其保持协调一致。这种协作可以通过一些非正式的组织方式达成，即不改变现有的组织结构，而是靠合作和建议等方式来达成负责这些活动的员工之间的协作，较好地协调各种逆向物流活动。

7.2.3 逆向物流的成本核算

（1）逆向物流成本的计算范围。

逆向物流成本一般由三个因素决定：

①起止范围；

②逆向物流活动环节；

③费用性质，明确企业内外部费用列入逆向物流成本的范围。

进行系统评定时，逆向物流成本计算范围必须一致。可计算的逆向物流费用只是成本的一部分，而相当多的逆向物流费用是不可见的。

（2）逆向物流成本合理化管理。

逆向物流成本合理化管理的主要内容有以下几个方面：

①对逆向物流成本进行事先的测算和预测，并据此制订降低物流成本的计划；

②计算逆向物流成本；

③控制逆向物流成本；

④分析逆向物流成本，找出影响成本升降的因素，发现问题；

⑤反馈逆向物流成本信息；

⑥对逆向物流成本进行决策。

7.3 制造企业回收物流管理

7.3.1 生产者责任延伸制

（1）生产者责任延伸制的含义。

生产者责任延伸制（Extended Producer Responsibility，EPR）是以现代环境管理原则实现产品系统环境性能改善的一种重要制度，它要求生产者对产品整个生命周期（包括生产过程和生命结束阶段）内的环境影响负责，以达到资源循环利用和环境保护的目的。

（2）生产者责任延伸制的参与方责任。

生产者责任延伸制的“生产者”不单单是指产品制造者，它包括所有的产品相关方，即产品在生命周期内的环境影响所有相关方，包括生产者、销售商、消费者和政府。它强调的是相关方在整个产品生命周期的责任分担。

①生产者承担的责任。生产者承担的责任如图 7-2 所示。

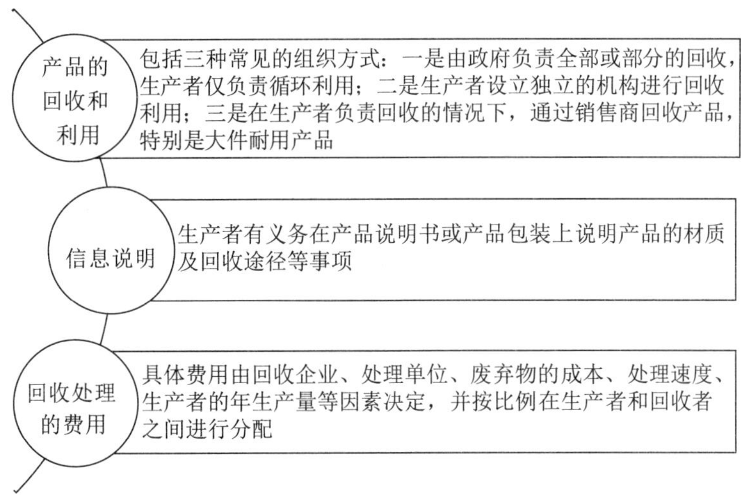

图 7-2 生产者承担的责任

②销售商的责任。销售商承担的责任如图 7-3 所示。

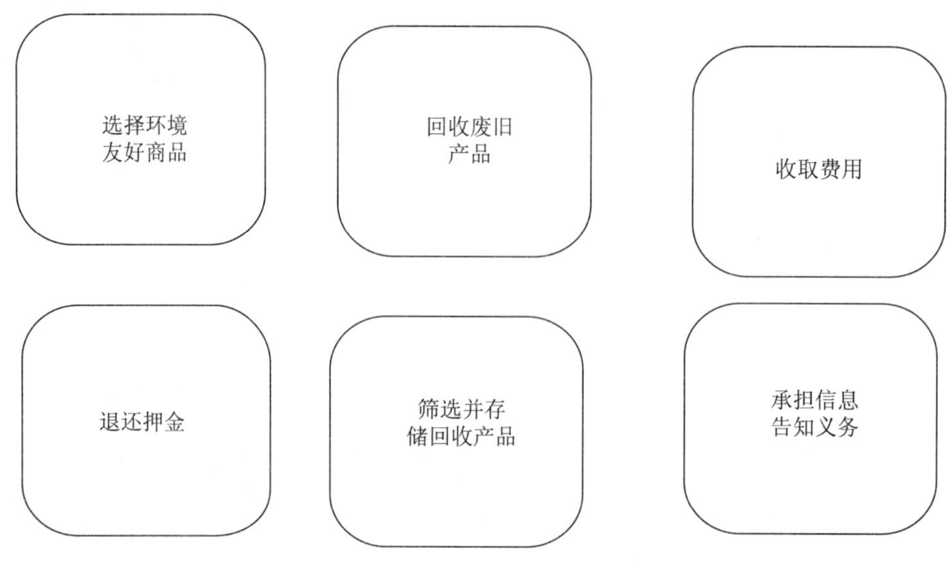

图 7-3　销售商承担的责任

其中，承担信息告知义务，指的是告知消费者诸如产品信息、消费者返还责任等事项。

③消费者的责任。消费者承担的责任是提高保护环境的意识，进行“绿色消费”，并有义务将产品废弃物交给回收处理机构，以及分担废旧产品的回收处理费用，消费者付费的三种方式如图 7-4 所示。

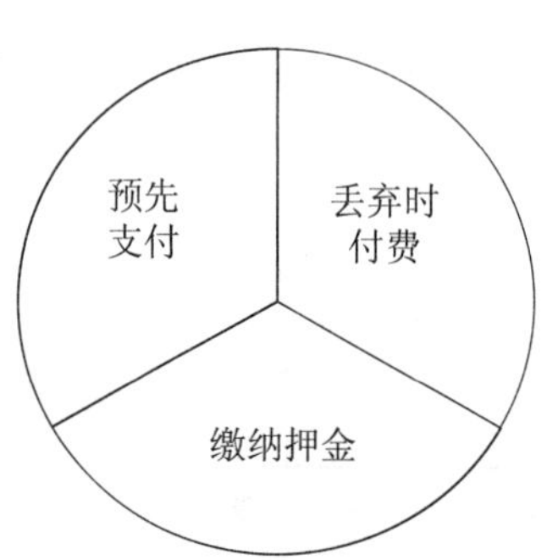

图 7-4　消费者付费的三种方式

④政府的责任。政府承担的责任如图 7-5 所示。

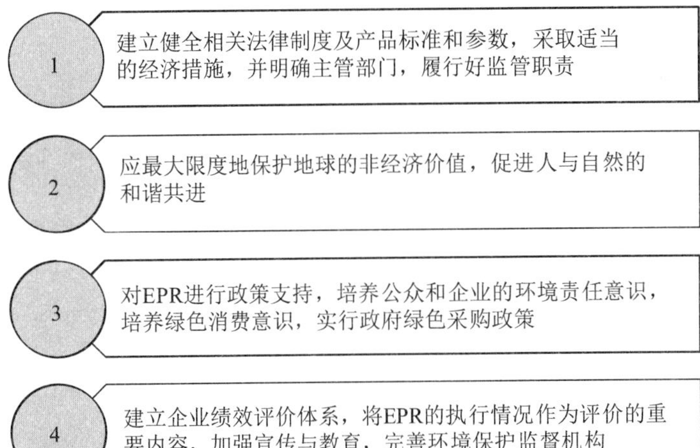

图 7-5　政府承担的责任

（3）产品回收分类。

EPR 制度并非适合所有的产品。产品的寿命、原料和成分构成，产品的回收价值，市场分布状态，再生材料市场，回收利用的技术和经济可行性，废弃物对环境的影响等，都是确定产品是否适用 EPR 制度时要考虑的因素。

通常产品回收价值的高低和废弃物对环境影响的大小是产品是否适用 EPR 制度的主要决定因素。根据以上两种主要因素，经济合作与发展组织（OECD）工作组将产品回收划分成四类，如图 7-6 所示。

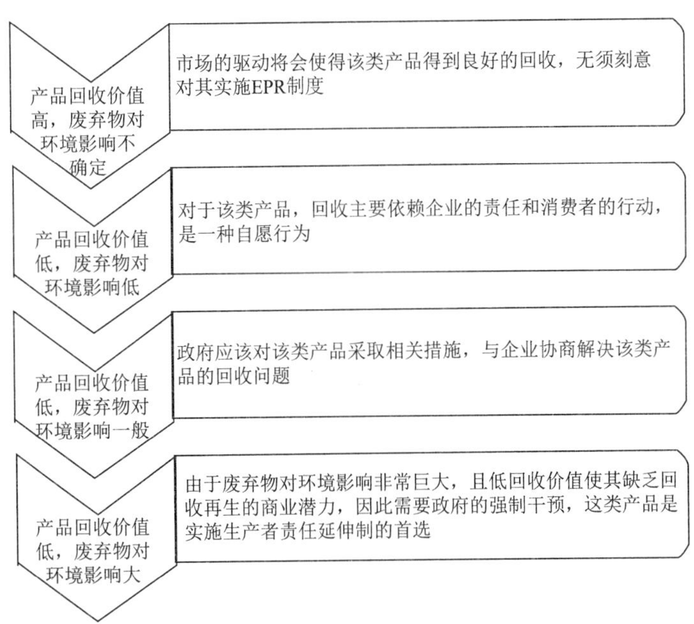

图 7-6　产品回收分类

（4）EPR 的实施方式和政策性工具。

①从政府执行的角度看。EPR 法规和制度的制定与实施是执行 EPR 的有力手段。EPR 执行的政策性工具可归纳为三大类：经济性工具、法规性工具和信息性工具。如表 7-3所示。

表 7-3　EPR 执行的政策性工具

法规性工具	经济性工具	信息性工具
· 强制回收 · 规定产品中可再生原料比例 · 规定产品最低可回收率 · 建立能效标准 · 禁止或限制弃置 · 禁止或限制某些有害物质的使用 · 禁止或限制特定产品的生产	· 征收原材料税 · 环境友好产品补贴 · 预收押金再退还回收制度 · 加收废弃物处理费 · 提高对环境有害材料的价格	· 要求产品标记使用年限 · 要求产品标记有害物质含量 · 要求产品标记回收需求 · 要求产品标记环境标志或生态标签 · 要求生产者提供产品整个 · 生命周期的信息资料

②从企业执行的角度看。企业基本上存在两种 EPR 执行方式，即专用产品回收体系和共用产品回收体系。如图 7-7 所示。

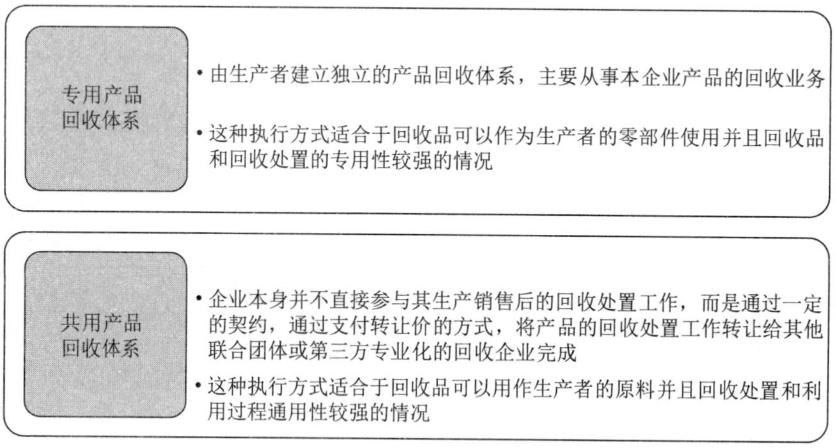

图 7-7　两种 EPR 执行方式

7.3.2　产品召回管理

（1）召回的内涵。

召回（Recall）是指按照规定程序和要求，由生产者通过警示、补充或者修正消费说明、撤回、退货、换货、修理、销毁等方式，有效预防、控制和消除缺陷产品可能导致损害的活动。缺陷的三种情况如图 7-8 所示。

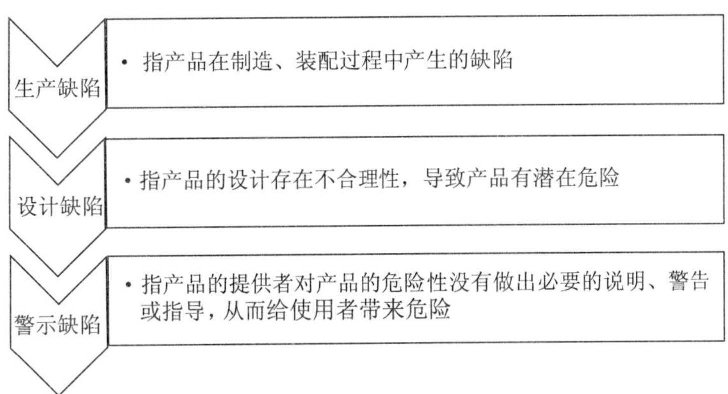

图 7-8　缺陷的三种情况

美国美泰玩具公司召回案例的反思

（2）产品召回时逆向物流特点。

产品召回时逆向物流特点如下。

①突发性强、规律性差。

②处理难度大。无论是在生产控制环节还是在物流操作环节，产品召回因其工作量大、精度要求高、时间控制紧的特点，对实际处理难度构成了巨大挑战。

③召回的产品对象数量巨大、涉及的地域广。

④召回成本巨大。

⑤对高水平信息管理依赖度高。

产品召回需要对产品缺陷影响的详细状况进行准确迅速的判断。生产信息管理和物流信息管理都必须详细、完整、及时、灵活，并且需要在极短的时间内对产品的影响状况做出详细的描述。

（3）产品召回管理。

产品召回管理的四个阶段如图 7-9 所示。

①召回预防管理。

召回预防管理主要通过以下几步完成。

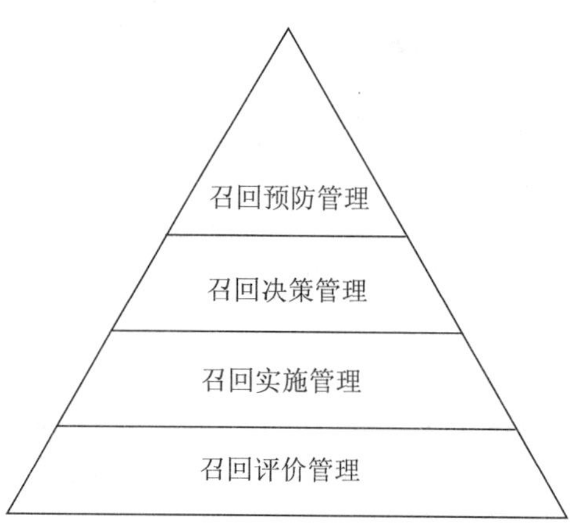

图 7-9　产品召回管理的四个阶段

A. 建立召回管理机构，明确各部门的职责。企业必须成立召回管理机构，全面负责召回的全过程。其成员应该包括物流、生产、质量、客户服务、财务、法律、公共关系、产品研发、营销和信息系统等部门的负责人，成员应明确各自的任务和职责。

B. 加强安全管理。预估并采取一切措施减少新产品在设计、制造和分销过程中，潜在的造成产品缺陷的危害风险。措施之一是制定有效的安全检测程序，对产品进行严格的出厂前测试。

C. 建立并保持与消费者、中间商等有效的沟通渠道。保持有效的沟通渠道，一方面，能够及时地与他们取得联系；另一方面，可以获得产品使用、产品维修、产品退回、消费者意见等方面的信息。

D. 建立产品与消费者数据库。建立有效的产品数据库，进行产品批量跟踪，及时确定哪些产品应该召回以及这些产品是否售出和销售去向。良好的消费者数据库使企业能快速地找到缺陷产品的当前使用者。

②召回决策管理。

产品缺陷的信息主要通过以下几种途径获得：企业的质量管理记录、消费者投诉、媒体报道、政府管理部门的公告、维修站的维修记录等。召回决策过程中关键的一个程序是评估产品缺陷的危害风险。美国消费品安全委员会（CPSC）的危害评级标准中，将产品可能引发的危害分为 3 级。

A 级危害——指产品引起死亡或严重伤害、疾病的可能性很大。

B 级危害——指产品引起死亡或严重伤害、疾病的可能性不大，但仍有引起死亡或严重伤害、疾病的可能。

C 级危害——指产品引起死亡或严重伤害、疾病的可能性极小，但这种可能性并非完全不存在。

③召回实施管理。

召回计划应该就如何实施召回做以下几方面的说明。

A. 召回预算。企业必须对召回事件导致的各项费用进行预算，包括直接费用和间接费用两部分。

B. 告知召回情况。进行召回的企业需要将召回的相关事宜告知批发商、零售商、服务中心和消费者。

应该告知的情况包括采取的召回程序、怎样辨识缺陷产品、缺陷的性质、危害的严重程度、缺陷产品的数量、缺陷产品的使用者与企业的联系方式、召回的时间地点等。

C. 收回缺陷产品。企业收回缺陷产品时，处于不同环节的产品收回难度是不同的。在制商品、库存商品、在途商品等最易回收，出售时期较长、距离较远或者没有销售记录的商品比较难回收。

D. 确保及时维修或替换。进行召回的企业应建立明确的召回产品修理体系或更换程序，提高其服务和维修队伍处理缺陷产品的能力。当需要处理的缺陷产品数量很大时，企业可以将这项工作外包出去或临时调用其他部门的员工。

④召回评价管理。

挽回企业声誉和评价召回效果是召回评价管理的两项重要工作。主要程序包括如下内容。

A. 挽回企业声誉。分析产生缺陷的原因，并采取措施以保证不再因同样的缺陷导致新的召回；为新产品配以新的序列号、产品型号、包装风格和颜色，以防止需召回产品、已维修产品和已达到安全标准的新产品混淆；增加广告的投放量，告诉消费者产品缺陷已经得到纠正。

B. 评价召回效果。产品召回效果可以通过召回完成率和客户满意度来衡量。

召回完成率是指收回的缺陷产品数量占尚在使用中的缺陷产品数量的百分比。大多数召回事件中召回完成率都很低。召回完成率公式如下：

$$\text{召回完成率} = \frac{\text{收回的缺陷产品数量}}{\text{尚在使用中的缺陷产品数量}} \times 100\%$$

客户满意度也是衡量召回效果的指标之一，考察这个指标需要考虑的因素有热线电话的等待时间、零部件更换的时间、客户对召回程序的满意度、客户对完成维修产品的满意度等。

C. 通过召回审查表评价企业的召回程序。通过召回审查表列出与召回程序相关的问题，找出有待完善的环节，评价召回参与者的工作和企业召回能力。

（4）召回工作的重点。

①召回时企业各部门应采取的行动。

A. 通过技术人员或者外来实验室的调查，确认是否存在健康危害。如果有潜在的问题，必须通知管理层。

B. 配送/消费者服务部门必须追溯所有的相关问题。如果企业无法在 24 小时之内迅速地确定所有可疑产品，那么追溯系统就有必要进行改进。

C. 收集所有和可疑产品相关的产品的生产和质量记录，收集在问题产品生产前后所生产的产品并检查。

②产品供应链各方应担负的职责。

产品供应链各方应担负的职责如图 7-10 所示。

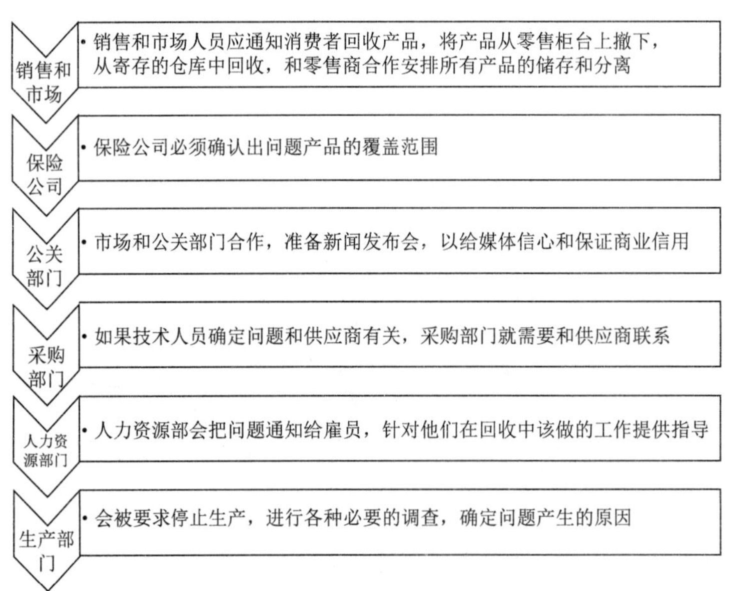

图 7-10　产品供应链各方应担负的职责

如果产品进入了配送系统，回收就要公开化，以便让消费者认识存在的问题以及正在进行回收这一情况。

回收必须要通过报纸、电台和电视台等媒体，快速广泛传播。提供产品的全部细节，如标签信息、窗口类型、大小和产品编码等。最好还能提供缺陷产品图片。媒体必须给消费者就其所购买的产品的回收提供指导。

③健全产品信息系统。

产品信息系统的建设在产品召回制度中发挥重要作用。健全的产品信息系统应当包括信息收集系统、信息发布系统和物流信息系统，以实现投诉信息的有效收集、召回信息的及时发布以及产品、零部件和消费者的可追溯性，方便对缺陷产品进行全面快速的召回。

7.3.3 产品溯源的要求和方法

（1）产品追溯及其应用范围。

产品追溯指的是包括对材料、零部件、生产过程、产品交付后的来源、分布和位置的追溯。

产品追溯通常是用来追寻和控制从原材料的接收到产品的最终销售的程序。该程序包括产品的回收制度、再制造利用制度、循环利用制度等。可追溯性涉及原材料和零部件的来源，加工过程的历史，成品及半成品检验过程，产品交付后的分布和场所。一个完整的可追溯系统不仅能减少产品召回成本，也尽可能地避免缺陷产品与产品召回事件的发生。

（2）产品追溯要求和方法。

①产品追溯要求。

A. 根据质量控制、质量保证、质量改进的要求确定追溯程度和方法。

B. 根据相关方法及其他要求确定追溯程度和方法。

C. 根据 ISO 9001 标准要求确定追溯程度和方法。

D. 根据产品责任要求确定追溯程度和方法。

E. 在无特殊要求的前提下，追溯应达到以下要求。

a. 采购产品至少能追查到供方产品责任，且能防止混用、误用。

b. 一旦发生不合格及消费者的投诉和索赔时，确定责任人员和日期。

②产品追溯方法。

追溯是通过标识来实现的，不同的标识就是不同的追溯方法。标识与追溯的关系是：追溯是标识的目的，标识是追溯的手段，但有标识不一定可追溯。产品追溯可按照不同的标准来分类，如图 7-11 所示。

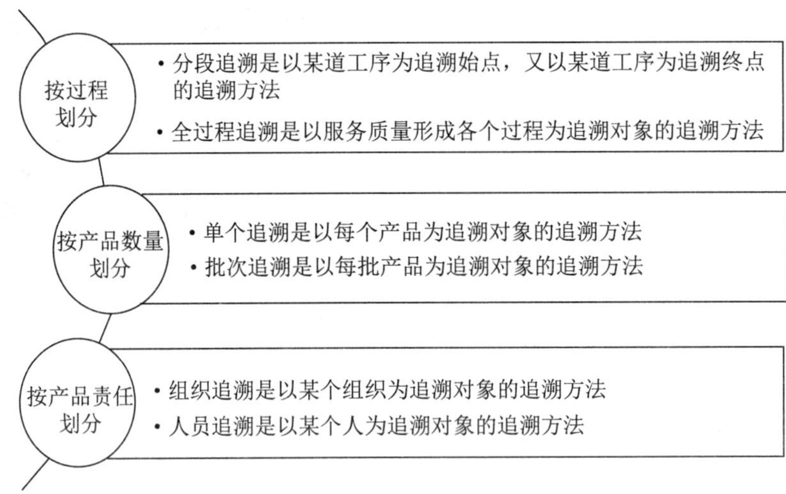

图 7-11　产品追溯方法的分类

③产品追溯特点。

追溯是一种能力。这种能力主要体现为能够迅速、完整、准确地满足追查要求的程度。

追溯能力是有限制的。这种限制来自以下内容。

A. 追溯程度与费用成正比，所以追溯要求必须考虑追溯的经济性和必要性。

B. 追溯要求是根据质量控制、质量保证和质量改进以及标准和相关方要求确定的，所以追溯能力应适应追溯要求，与追溯要求相匹配。追溯能力过高是浪费，过低则达不到追溯要求。

C. 追溯可以是无止境的，所以追溯能力必须在限制的条件下才能实现，如应规定追溯对象、范围、长度、深度、起止时间等。

7.3.4　再制造物流网络

（1）再制造的含义和关键步骤。

再制造是以产品全寿命周期设计理论为指导，以优质、高效、节能、节材、环保为目标，以先进技术和产业化生产为手段，修复或改造报废产品的一系列技术措施或工程活动的总称。

再制造的关键步骤如图 7-12 所示。

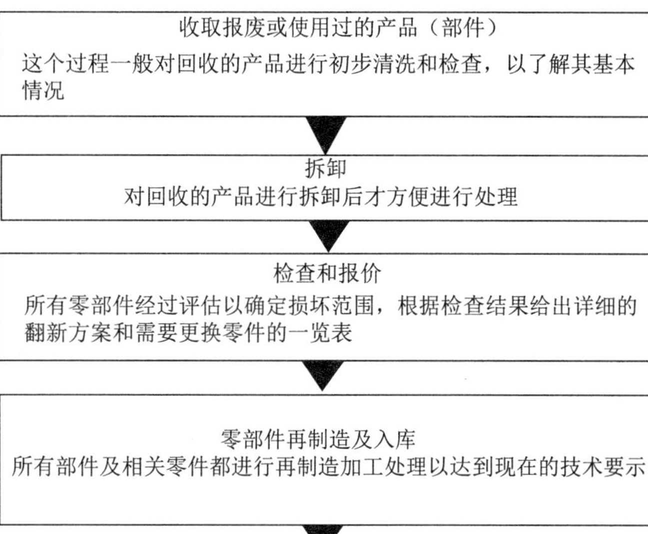

图 7-12　再制造的关键步骤

（2）再制造物流系统的特点。

再制造物流系统的主要特点在于其各项活动中包含的各种不确定性，具体为以下六个重要特点。

①回收产品到达的时间和数量不确定。这是产品使用寿命不确定和销售随机性的反映。回收产品到达的时间和数量不确定，就要求对回收产品到达的时间和数量做出预计，而在实际操作中，很少有企业能对废旧产品回收的时间和数量进行有效的控制。

②平衡回收与需求的困难性。为了最大化利润，再制造必须考虑把回收产品的数量与对再制造产品的需求平衡起来，这对库存管理要求很高。

③产品的可拆卸性、拆卸时间及回收产品拆卸后零部件的可用性等方面的不确定性。

④回收产品可再制造率不确定。相同旧产品拆卸后得到的可以再制造的部件状态不同，用途也不同，从而造成再制造率的差别。

⑤再制造物流网络的复杂性。再制造物流网络既包含传统从生产者到消费者的正向物流，又包含回收产品从消费者到生产者的逆向物流，是一个闭环的物流系统。涉及回收中心的数量和选址、产品回收的激励措施、运输方法、第三方物流的选择、再加工设备的能力和数量的选择等众多问题。

⑥再制造加工路线和加工时间不确定。回收产品个体状况的不确定性决定了加工路线的不确定，回收产品可利用状况的不确定性决定了高度变动的加工时间。资源计划、调

度、车间作业管理以及物料管理等都因为这些不确定性因素而变得复杂。

（3）企业建立再制造物流网络中存在的问题。

①回收渠道分散。目前我国很少有企业建立专门的回收渠道，废旧产品的回收大多数是由废旧产品收购站进行。这使得废旧产品回收率非常低，也给环境带来了较大的污染。

②经济利益和环境利益的矛盾。利润是企业经济活动的第一导向作用力或内在基本动力。要建立自己的逆向回收渠道系统，势必在回收业务上分散大量的精力并注入更多投资，而且企业也会担心回收产品处理的经济效益。

③回收渠道系统技术层次低。建立回收渠道需要相应的网络结构设计、专业回收、宣传导向技术。我国企业对逆向物流和回收渠道系统技术缺乏了解，也缺乏相应的核心技术。

④企业缺乏完善的信息系统。减少不确定性因素对再制造物流网络的影响需要依靠完备的信息系统。对我国大多数企业来说，由于技术、资金的局限以及对信息系统重要程度的认识不足，因此还没有建立完善的信息系统。

⑤企业间的相互信任和合作不够。再制造物流网络也是一个供应链，供应链的目标就是要使整个供应链的利益最大化，为此需要链上的各个环节和企业相互信任和合作，建立良好的企业间伙伴关系，甚至形成战略同盟，来谋取整个再制造物流网络的整体利益最大化。

（4）建立有效的再制造物流网络。

①建立专业的废旧产品回收中心。专业的废旧产品回收中心可以对回收的零部件进行专业化清洗和拆卸，分类存储，充分发挥专业化和规模化的优势。

②建立产品再制造信息动态网络数据库。应当建立基于互联网（Internet）的产品再制造信息动态网络数据库，使得再制造物流供应链上的所有成员能够通过 Internet 及时地了解和更新即时敏感的需求与销售数量、库存数量、货运状况、产品的技术参数以及产品的制造、材料、结构等信息。

③合作与信用保障体系。在再制造物流网络中，供应链上的各个企业应当达成长期共识，发展高标准的信任与合作关系。同时，在再制造信息数据库中建立诚信档案。

7.4 商业企业回收物流管理

7.4.1 退货逆向物流处置方式

根据退货逆向物流产品类型的不同，商业企业主要有以下几种退货处置方式。

（1）直接再售（回收—检验—再售）。

如果没有使用退回的产品或产品受损，可以通过渠道进行销售，从而形成再售产品流程。通常可根据产品的现状采用以下方法进行处理。

①如果返品没有使用或没有打开就返回到零售商的，零售商可以通过零售店进行重新再售，返回到制造商的产品会再售给另外的零售商。

②对于一些包装损坏或者因产品包装过时而滞销的产品，可对产品进行重新包装再作为新品出售。

③对于因市场退货、季节退货、过时或库存积压而进入逆向物流的产品，通过正常渠道无法继续销售，可以通过打折商店进行出售。

（2）原料回收（回收—检验—原料回收—再循环）。

有些产品经回收检验后，不能继续销售也不能进行重修再造，可以对产品进行处理。要对这些产品进行原料回收，以便资源的回收再用，最大限度地恢复产品最大的价值或者使销毁成本最低，而回收这些产品的原材料有助于抵消一部分销毁成本。

（3）垃圾处置（回收—检验—垃圾处理）。

对一些垃圾进行处理时，商业企业的目标就是能够以最低的成本、最小的环境影响来处理这些废品。因此，各商业企业要根据自己退货品的特点，研究适合本企业的垃圾处理方法，以减少企业的垃圾处理成本，树立良好的公众形象。

7.4.2 流通领域逆向物流主要模式

流通领域逆向物流模式主要有共用销售渠道、建立返品中心和中间仓库三种形式。企业选择时应综合考虑退回产品的种类、数量及退货的处理方式等因素。

（1）共用销售渠道。

流通企业在整个供应链上对退货不负主要责任或者退货量比较小，可以采用已有的正向物流系统处理退货。但此种模式退货量一旦增加，会造成销售渠道混乱。此模式最大的好处在于节省投资。

（2）建立返品中心。

这种模式下，企业要设立一个或多个返品中心，通常建在正向物流配送中心附近。企业退货量很大的时候，可采用此种模式处理退货。

返品中心可以对退回产品进行检测分类，对产品做初步的处理，处理退货的步骤如图 7-13所示。

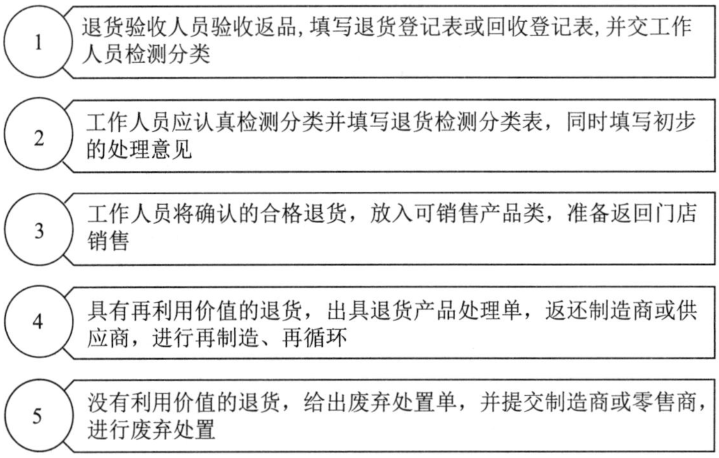

1	退货验收人员验收返品，填写退货登记表或回收登记表，并交工作人员检测分类
2	工作人员应认真检测分类并填写退货检测分类表，同时填写初步的处理意见
3	工作人员将确认的合格退货，放入可销售产品类，准备返回门店销售
4	具有再利用价值的退货，出具退货产品处理单，返还制造商或供应商，进行再制造、再循环
5	没有利用价值的退货，给出废弃处置单，并提交制造商或零售商，进行废弃处置

图 7-13　处理退货的步骤

（3）中间仓库。

如果退货是由于中间商过量进货引起且能够继续在其他市场销售的，可以采用中间库存的形式处理退货。制造商接到中间销售商的退货请求后，可以把这些退货放在中间仓库。中间仓库的退货可以用来满足同一送货网络的其他零售商的紧急订单和同一地区的零售商的补货订单。超过一定时间后，如果退货没有被其他销售商订购，再把退货送回到制造商处等待进一步的退货处理。

此种退货处理模式中，通常由制造商支付除了库存成本之外的所有成本，而库存成本通常由销售商和制造商分摊，从而使零售商和制造商达成共赢。

7.4.3 电商退货物流运作

（1）电商退货物流网络设计。

通常 B2C 的购物网站都应该考虑以下几个方面。

①退货的可能性。要尽量避免由于消费者一时冲动购买产品导致的退货情况，让消费者在一定时限内有取消订单的权利。

②明确退货规则。网络零售商应当把有关退货规定张贴在网站里显眼的位置，同时将商品的特色以及使用方法标注清楚，包装盒中应再次明确具体的退货规定。

③选择合适的渠道，保证消费者购买的商品能及时到达。供应商还应提供在线订单追踪。售出后还应通过电子邮件等方式积极征询消费者意见。

④用合适的方式实现消费者退货要求。通常包括在线处理和离线处理两种。前者当网络零售商在设计购物网站时，就建立一个在线退货管理系统，网络零售商凭借该系统进行退货处理。后者通过第三方来实现，比如设立退货服务代办点。

（2）电商逆向物流模式的选择。

①B2C 市场中的大型零售企业有较先进的管理理念和方法及有效的信息管理系统，可以考虑发展自身的逆向物流系统。倘若企业自身已经拥有正向物流系统，则可以考虑将两者结合起来，使之成为一个完整的体系。

②对小型企业来说，考虑自身的经济实力、发展核心竞争力等各方面的因素，自身发展逆向物流存在困难，则可以寻求第三方逆向物流，以保证退货顺畅，快速完成。

7.5 包装物回收

7.5.1 包装物回收物流的特点

销售包装是直接接触商品并随商品进入零售网点和消费者或与用户直接见面的包装。

销售包装相比于储运包装，其回收物流方面有以下特点。

（1）多样性。

销售包装根据商品的不同性质、形态、流通意图与消费环境要求进行策划设计，所以包装形态丰富多样，包装材料多采用复合材料，增加了回收物流运作中的分类成本、运输成本和回收循环利用成本。

（2）地点的广泛性和不可预见性，时间的不确定性。

销售包装随着商品的最终销售到达最终消费者处，最终消费者分布的地点广泛。销售包装丢弃的时间具有随机性，难于计划。

（3）一次性使用。

为防止出现假冒产品，申请有外观设计专利的或具有驰名商标的商品销售包装容器，只能由商品的原生产厂家回收和复用，同时消费者在使用商品后，销售包装的残损很大，一般难以循环使用。销售包装与其他废弃物的混合也增加了回收利用分拣的困难。

7.5.2 包装物回收管理原则

依据我国《包装资源回收利用暂行管理办法》，包装物回收利用的管理原则如图 7-14 所示。

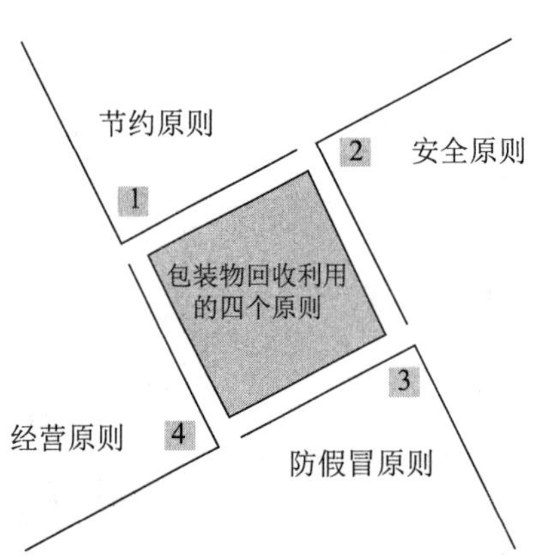

图 7-14 包装物回收利用的管理原则

7.5.3 包装物回收利用方法

（1）包装物回收利用的主要方式。

包装物回收利用的五种方式如图 7-15 所示。

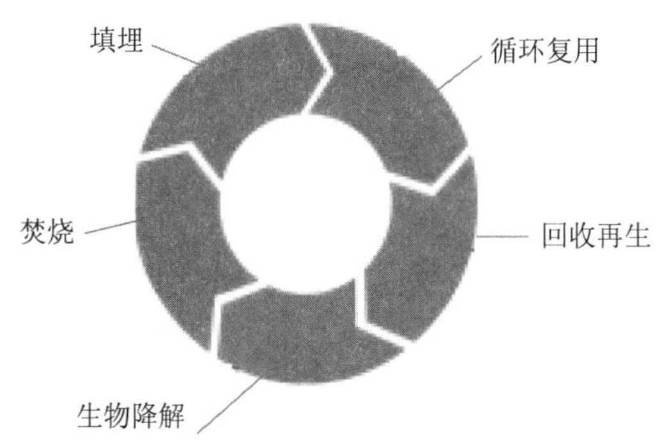

图 7-15 包装物回收利用的五种方式

①循环复用。初次使用一些包装后，其完整无缺或破损较少，经过简单的修正，包装可以返回生产厂家再次被使用。如托盘、集装箱、周转箱等储运包装的容器。

②回收再生。回收再生是节约资源和能源的主要方式，它是指一些破损严重的包装废弃物无法再原物复用，可将其当作再生原料，经过再次加工改制或回炉再生，制成新的包装。

③生物降解。采用生物技术，将无法回收利用的包装废弃物进行生物降解。

④焚烧。焚烧是能源回收的一种方式，焚烧包装废弃物产生的热能可用于供热和发电。另外，将包装废弃物焚烧会产生废气，对环境造成污染，所以焚烧不是理想的能源回收方法。

⑤填埋。将包装废弃物当作垃圾深埋于地下，等待自然界的分解、侵蚀。

（2）包装物回收办法。

我国《包装资源回收利用暂行管理办法》第三十二条列举了 10 种回收办法。根据各地区、各部门的具体情况，可采取以下不同办法回收，如表 7-4 所示。

表 7-4 包装资源回收办法

办法	内容
门市回收	包装经营单位设立回收门市部进行回收
上门回收	包装经营单位定时定点到各回交单位进行回收
流动回收	包装经营单位不定期到各个地段进行回收
委托回收	包装经营单位委托其他单位或个人进行代收
柜台回收	零售、批发市场（店）在出售商品时折价向消费者回收
周转回收	针对各生产厂家、商品经营部门内部使用的包装周转箱（桶），可采取一定的制度或经济手段组织定向周转回收

续 表

办法	内容
对口回收	进货单位或消费者直接把大宗专用包装交给经营单位或生产厂家
定点回收	在城镇居民区、街道、工厂、学校、机关、部队、医院、群众团体、写字楼、公园、剧院、车站、码头等公共场所设置不同型号、不同类别的“生态箱”“生态桶”和“生态袋”，由专门的回收单位负责按纸、木、金属、玻璃、塑料分类进行定时定点专人回收
押金回收	凡应回收的包装资源，各商品经营单位在出售相应商品时，可采用收取押金的方式，保障如数回收
奖励回收	单位、部门、机关团体内部均可采取提成奖励的办法，激励有效回收

（3）回收包装物的储存和运输。

依据我国《包装资源回收利用暂行管理办法》，回收包装物的储存和运输应按以下要求。

①对回收来的包装物应做好储存、清洗、分类、整理打包等工序；避免雨淋、暴晒、受潮、虫蛀和污染。

②应单独储存和运输危险品包装。

③应分开储存和运输可降解塑料包装制品与非可降解塑料包装制品。

④运输回收包装物的车辆应保持清洁卫生。

7.6 绿色物流

7.6.1 绿色物流的概念

绿色物流是指以降低对环境的污染、减少资源消耗为目标，利用先进物流技术，规划和实施运输、仓储、装卸搬运、流通加工、配送及包装等物流活动。

按照绿色物流理论，物流系统应当由“资源—产品—废弃物排放”所构成的开环型单向物流模式，向“资源—产品—再生资源”的闭环型物流模式转变。

7.6.2 绿色物流管理的主要内容

（1）绿色供应商管理。

供应商的原材料、半成品的质量直接决定着最终成品的性能，所以要实施绿色物流还要从源头上加以控制。在绿色供应物流中，有必要增加供应商选择和评价的环境指标，即要对供应商的环境绩效进行考察。

例如：潜在供应商是否因为环境污染问题而被政府处以罚款？潜在供应商是否存在因为违反环境规章而被关闭的危险？供应商零部件是否采用绿色包装？供应商是否通过 ISO 14000 环境管理体系认证？

（2）绿色生产管理。

绿色生产包括绿色原材料的供应、绿色设计与制造以及绿色包装。

①绿色产品的生产首先要求构成产品的原材料具有绿色特性。绿色原材料应符合以下要求：环境友好性；不加任何涂镀，废弃后能自然分解并能被自然界吸收；易加工且加工时无污染或污染最小；易回收、易处理、可重用。

②绿色设计要求面向产品的整个生命周期，即在概念设计阶段，就要充分考虑产品在制造、销售、使用及报废后对环境的影响，使得在产品再制造和使用过程中可拆卸、易收回，不产生毒副作用并保证产生最少的废弃物。

③绿色制造追求两个目标。即通过可再生资源、二次能源的利用及节能降耗措施缓解资源枯竭，实施持续利用；减少废弃物料和污染物的生成排放，降低整个生产活动给人类和环境带来的风险，最终实现经济和环境效益的最优化。

④绿色包装是指节约资源、保护环境的包装。其特点是：材料最省，废弃最少且节约资源和能源；易于回收利用和再循环；包装材料可自然降解并且降解周期短；包装材料对人的身体和生态无害。

（3）绿色运输管理。

交通运输工具消耗大量能源，运输过程中排放大量的有害气体，产生噪声污染。运输易燃、易爆、化学品等危险原材料或产品可能引起的爆炸、泄漏事故等都会对环境造成很大的影响。可通过以下措施加强绿色运输管理。

①合理配置配送中心，制订配送计划，提高运输效率以降低货损量和货运量。开展共同配送，减少污染。

②实施联合一贯制运输。联合一贯制运输是指以件杂货为对象，以单元装载系统为媒介，有效地巧妙组合各种运输工具，从发货方到收货方始终保持单元货物状态而进行的系统化运输方式。通过运输方式的转换，可削减总行车量，包括铁路运输、海上运输和航空

运输。

③评价运输者的环境绩效，由专门运输企业使用专门运输工具负责危险品的运输，并制定应急保护措施。

（4）绿色储存管理。

现代化的仓库是促进绿色物流运转的物资集散中心。绿色储存要求仓库布局合理，以节约运输成本。

①仓库建设前应进行相应的环境影响评价，充分考虑仓库建设对所在地的环境影响。例如，易燃易爆商品仓库不应设置在居民区，有害物质仓库不应设置在重要水源地附近。

②仓库布局过于密集会增加运输的次数，从而增加资源消耗；仓库布局过于松散，则会降低运输的效率，增加空载率。

③采用现代储存保养技术是实现绿色储存的重要方面，如气幕隔潮、气调贮藏和塑料薄膜封闭等技术。

（5）绿色流通加工管理。

绿色流通加工的途径主要有两个。

①将消费者分散加工转变为专业集中加工，以规模作业方式提高资源利用效率，以减少环境污染。

②集中处理消费品加工中产生的边角废料，以减少消费者分散加工所造成的废弃物污染。

（6）绿色装卸管理。

实施绿色装卸要求企业在装卸过程中进行正当装卸，避免商品的损坏，从而避免资源浪费以及废弃物造成环境污染。另外，绿色装卸还要求企业消除无效搬运，提高搬运的灵活性，合理利用现代化机械，保持物流的均衡顺畅。

（7）产品绿色设计、绿色包装和标识。

绿色物流建设应该起自于产品设计阶段，以产品生命周期分析等技术，提高产品整个生命周期环境绩效，在推动绿色物流建设上发挥先锋作用。

（8）绿色包装管理。

包装是绿色物流管理的一个重要方面，白色塑料的污染已经引起社会的广泛关注，过度包装也造成了资源的浪费，再生性包装因其容易回收的特点得到越来越广泛的使用。

7.6.3 绿色供应链管理的要点

（1）节点企业的绿色设计。

节点企业的绿色设计从输入端控制的事前预防入手，通过革新产品结构、产品组成材料、加工工艺流程、产品包装、产品维护使用、产品废弃物处理等，实现产品全生命周期的生态化，强调产品制造的资源减量化和废弃产生的减量化，这些属于企业战略层面的管理内容。

（2）节点企业的清洁生产。

节点企业的清洁生产的目的在于通过绿色工艺的改进，减少制造工艺环节中产生的废弃物，这些属于企业操作层面的管理内容。

（3）节点企业的末端治理。

节点企业的末端治理从输出端控制的事后补救入手，增加一些处理环节，将所排放的废弃物降低到环境允许的范围内，目的在于实现制造过程中产生的废弃物排放的减量化，这些属于企业战术层面的管理内容。

（4）废弃产品回收再制造。

通过构建逆向供应链管理模式，实现废弃产品的回收再利用，可以减少废弃产品回收再利用的集散成本，可以减少制造业对自然资源的需求数量，降低生产环节的废弃物排放数量。利用再生材料、再生零部件实施低成本和环保竞争战略，这些属于社会宏观层面的管理内容。

7.7 小结

本单元主要介绍了逆向物流管理、逆向物流系统设计、制造企业及商业企业回收物流管理以及包装物回收和绿色物流等相关知识。

逆向物流管理概述一节从主要内容、特点、基本原则三个方面介绍了逆向物流管理的概要。逆向物流系统设计一节主要从业务流程、组织形式和成本核算三个方面介绍了逆向物流系统设计最核心的内容。制造企业回收物流管理一节介绍了生产者责任延伸制、产品召回、产品追溯、再制造物流网络等制造企业常面临的逆向物流相关内容。商业企业回收物流管理一节则针对商业企业的特点，介绍了退货逆向物流、流通领域逆向物流模式、电子商务退货物流运作等内容。包装物回收一节聚焦于包装物回收，介绍了包装物回收的特点、管理原则、利用方法等内容。绿色物流一节则介绍了绿色物流的概念、主要内容、绿色供应链管理要点三个方面的内容。

思考题

1. 逆向物流具有哪些特点？
2. 企业如何确定其逆向物流组织的定位？
3. 生产者责任延伸制有哪些参与方？分别承担什么样的责任？
4. 商业企业退货时，不同类型产品的退货处置方式有何不同？
5. 包装物回收利用主要有哪几种方法？
6. 绿色供应链管理应该从哪些要点着手，如何实现？

单元1
概　述

单元2
需求预测

单元3
物流网络规划

单元4
客户服务与
订单管理

单元5
库存管理

单元6
配送与外包管理

单元7
逆向物流管理

单元8
电商物流管理

单元9
大宗商品
物流管理

单元 8　电商物流管理

本单元学习目标

通过学习本单元，你应该能够：

1. 了解电商物流的基本概念和类型；
2. 了解跨境电商物流的主要商业模式；
3. 掌握电商的主要物流服务方式及选择物流服务的方法；
4. 了解跨境电商物流服务模式的主要内容和方法；
5. 掌握海外仓的作用、建设方法和管理要点。

8.1 电商物流概述

8.1.1 电商物流的概念

电子商务（简称“电商”）的快速发展正在推动我国商贸物流运作模式发生深刻变革。电商物流服务模式正在日益多样化，已成为城市社区服务和民生发展的重要组成部分。

电商物流是指网络零售包裹在经历一系列物流服务过程之后，在城市社区、自提网点等终端，根据最终消费者需求实现配送和交付的过程。

从终端用户来看，电商物流是面向最终消费者的配送和交付服务，不包括面向企业或零售终端的城市配送服务。

电商物流是在电商整个服务过程中，唯一与终端消费者面对面接触的环节，是电商客户体验的重要组成部分，也是整个电商供应链与消费者的直接接触点和服务窗口。

8.1.2 电商物流的主要特点

与一般的物流配送和交付过程相比，电商物流更加重视消费者的购物体验，即从时间、服务和便利性上满足消费者的个性化需求。

（1）需求的个性化程度高。

电商物流服务主要面向终端消费者，消费者的物流配送和交付需求具有动态性和多样性，不同的消费者服务需求差异较大。电商快递企业需要根据客户需求的差异动态布局配送网点和规划行动路线，提供个性化、差异化的服务。

（2）服务具有不均衡性和双向性。

电商物流终端配送和交付服务的不均衡性，体现为时间和空间上的不均衡两个方面。

①时间上的不均衡性是指服务需求具有淡季和旺季之分，如一些电商的促销活动会大幅提升某个时间的快递需求。

②空间上的不均衡性是指不同地区、不同社区的物流服务需求差异较大，如城市和农村地区电商物流服务的差别十分明显。

由于网络购物退换货需求的存在，电商物流服务还具有正向、逆向物流交织的双向性特征。

（3）附加增值服务发展空间大。

作为可以接触到终端消费者的唯一环节，电商物流服务有可能成为电商和快递企业扩展线上线下全渠道服务的载体形式，因此具有扩展各类增值服务和附加服务的巨大发展空间。

①最常见的增值服务模式包括定时定点送达、代收货款、包裹代收、包裹暂存、退换货、上门收件、多选一收货、夜间送货、使用讲解、试穿试用、安装调试等。

②最常见的附加服务包括社区代购、商品代卖、自助银行、自助缴费、工具租赁、安装维修等。

8.2 电商物流服务组织模式

电商企业可以根据自身特点选择不同的物流服务组织模式。常见的电商物流服务组织模式主要有以下几种。

8.2.1 自营配送中心与快递服务

电商企业可以选择以自营物流系统为主的物流运作模式，包括自营配送中心业务和自营快递服务。即企业通过自建或租赁区域性配送中心，实现集散配送功能，并依靠自有的快递公司或快递部门，实施自营快递业务。如图 8-1 所示。

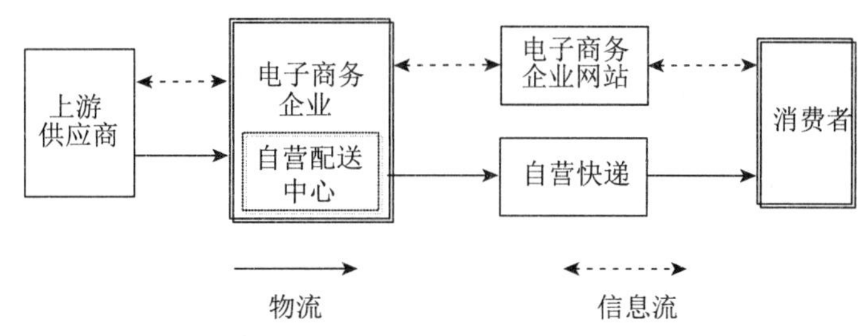

图 8-1　自营配送中心与快递服务

以自营物流模式为主的电商企业有京东商城、苏宁易购等。

8.2.2 自营配送中心与自营核心城市快递服务

在自营配送中心的基础上，一些电商企业将自营快递服务集中在核心城市，而对非核心城市选择外包快递服务策略。如图 8-2 所示。

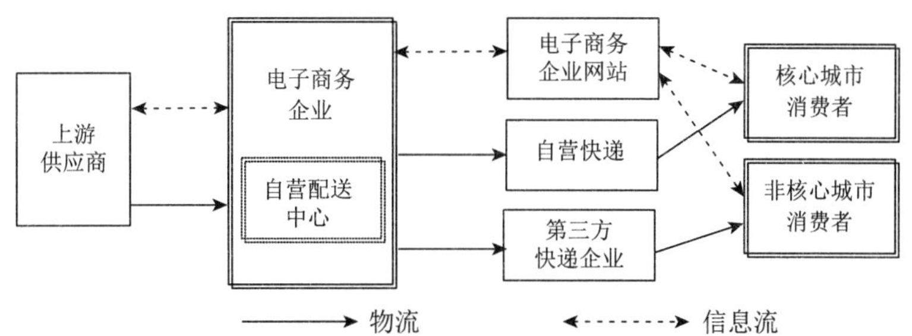

图 8-2　自营配送中心与自营核心城市快递服务

企业自营快递服务的范围一般是针对消费需求比较集中的少量大中型城市。这种模式下，电商企业提供的快递服务集中在核心城市。采用这种物流模式的企业有亚马逊中国、好乐买等。

8.2.3 自营配送中心与第三方快递服务

与完全的自营物流或外包物流相比，很多电子商务企业选择了一种折中的“轻资产”模式，即自营配送中心通过与其合作的第三方快递企业完成终端配送服务，如图 8–3 所示。

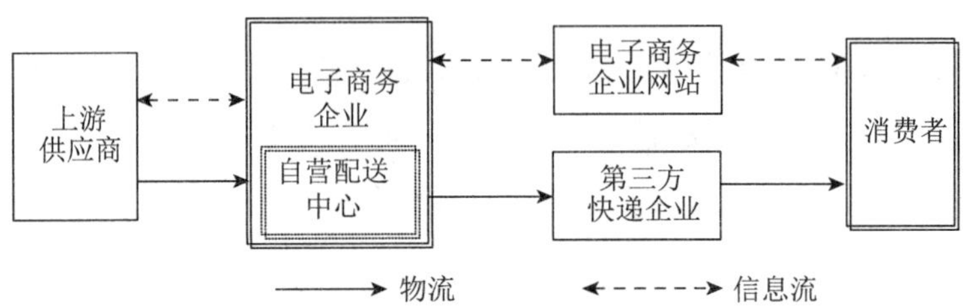

图 8–3 自营配送中心与第三方快递服务

由于配送中心可以担负起电子商务物流全过程的主要环节，如订单处理、收货检验、仓储、拣选分包等，因此我国一些电子商务企业倾向于自建配送中心，并将配送服务外包给第三方。采用这种物流模式的电商企业有当当网、唯品会、品尚红酒等。

8.2.4 第三方配送中心和第三方快递服务

有相当数量的中小型电子商务企业，采用完全的物流外包策略，即配送中心和终端快递服务都通过与其合作的第三方快递企业来实现，也有些电商有自营配送中心，只将快递服务外包，如图 8–4 所示。

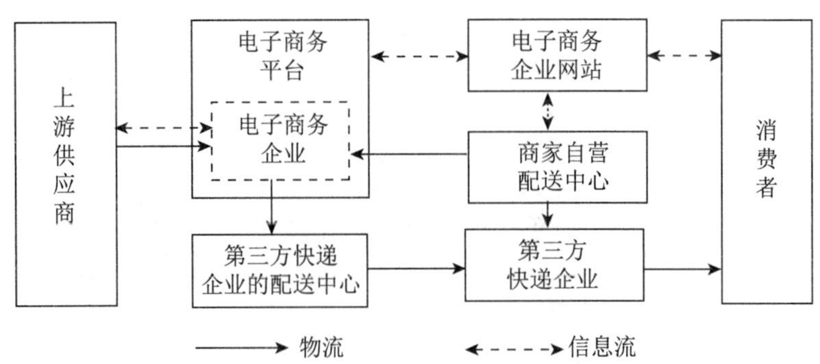

图 8–4 第三方配送中心与第三方快递服务

采用这种模式的电商企业可分为两类。

①依托于淘宝等大型电子商务平台的小型电子商务企业，在客户订单产生后，这些企业会按照客户要求进行简单的产品拆装、打包作业，然后交由第三方快递企业进行后期的分拣、组配、干线运输、城市配送。

②天猫商城等平台型电子商务企业，它们自身不直接进行产品交易，而是为品牌电子商务企业提供网上交易平台。对于这类平台型电子商务企业，其配送中心和快递作业均由在平台上经营的企业主导完成，依靠品牌企业自身的物流体系或第三方物流企业完成物流作业。

8.3 电商物流终端服务模式

电商物流终端“最后一公里”服务已形成四大类服务模式，依次为快递类的创新服务模式、平台类的创新服务模式、特定产品的专业服务模式和特定区域的专业服务模式。

8.3.1 快递类的创新服务模式

快递企业是传统电商物流的主要服务提供商，其最初的“最后一公里”服务以城市分仓+分片递送形式完成。随着电商物流包裹业务量的提升，快递企业也在不断创新服务模式。

（1）服务产品差异化模式。

服务产品差异化模式是指由消费者根据需要自主选择交付时间、交付地点、交货方式（面对面交接、代收、自提）等，再根据消费者的决策形成几种相对标准化的服务产品，实现“最后一公里”服务的差异化，并差别定价。这种模式是快递企业较早采用的终端配送差异化模式。快递企业的时效快递产品和增值服务产品如表 8-1 所示。

表 8-1 快递企业的时效快递产品和增值服务产品

快递企业服务产品	时效快递产品	8 小时同城
		12 小时次晨达
		24 小时次日达
		36 小时隔日达

续 表

快递企业服务产品	增值服务产品	到达付款
		代收货款
		代理取件
		签单返还
		电子面单
		快件保价
		仓配一体化

目前圆通、中通、申通等快递企业都提供时效快递产品，包括 8 小时同城、12 小时次晨达、24 小时次日达、36 小时隔日达等。在增值服务产品方面都提供到达付款、代收货款、代理取件、签单返还、电子面单、快件保价、仓配一体化等。

（2）大数据基础上的预先服务模式。

物流需求大数据的积累是电商快递物流区别于传统物流的重要特征。在“最后一公里”服务中，根据大数据需求预测的结果，提前规划和实施物流先期作业。目前这种模式已成为快递企业终端快递服务应对快递高峰期的重要服务手段。

（3）众包模式。

众包模式利用互联网平台发布电商快递“最后一公里”服务需求信息，由众多签约加盟的兼职递送人员根据自己的出行行程和闲暇时间响应该需求，并按照相应服务流程完成物流配送和交付服务。典型的企业如快递众包领域的人人快递。人人快递众包模式如图 8-5所示。这种服务模式还在发展初期，相关的法律和政府管理规范有待进一步完善。

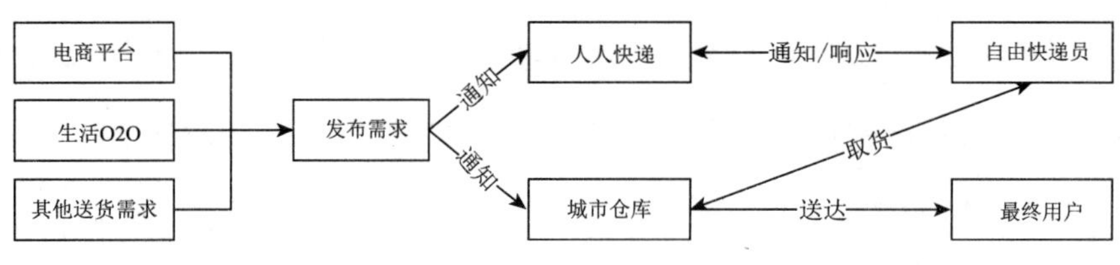

图 8-5　人人快递众包模式

8.3.2　平台类的创新服务模式

（1）购物引流为主的实体平台。

购物引流为主的实体平台既是电商物流“最后一公里”交付平台，又是网络零售线上至线下（Online to Offline，O2O）实体连锁店，也是具有线下到线上引流功能的零售体系。

这类平台具有代收货物、代收货款、退货换货、送二选一、社区配送等快递“最后一公里”功能。如盒马鲜生这类新零售业态的门店。

（2）生活服务为主的网络平台模式。

生活服务为主的网络平台一般不提供快件代收服务，也没有实体门店，是轻资产运作的平台，主要以一定区域的社区生活服务为主，他们通过建立网络代销平台，并为服务区域内下单的消费者代购产品、送货到家。生活服务为主的网络平台模式如图 8-6 所示。如餐饮外卖“饿了么”整合线下餐饮品牌和线上网络资源，消费者可以通过手机、电脑搜索周边餐厅，进行在线订餐并在家等候送货上门。

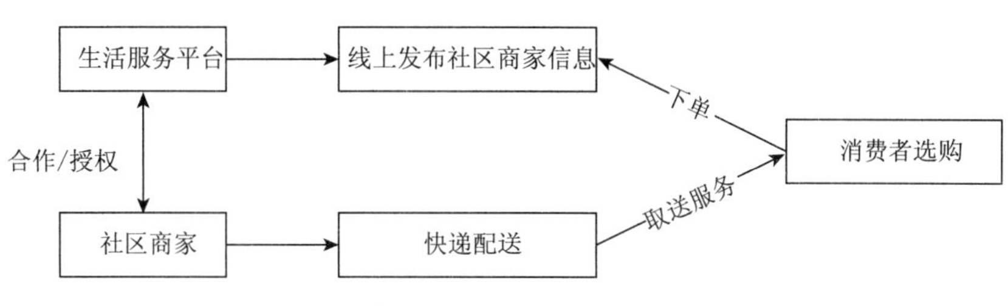

图 8-6　生活服务为主的网络平台模式

（3）代收货服务为主的实体平台模式。

在电商包裹“门到门”服务中，经常面临送货无人接收、联络无人应答的问题。随着行业专业分工深化，代收货服务逐步成为电商物流“最后一公里”的独立服务内容。目前，代收货服务模式可分为有人值守模式和无人值守模式两类。

①有人值守的连锁加盟模式。有人值守的代收货网点一般需要有实体店铺，目前大多采用各类社区门店（连锁药店、洗衣店、物业、便利店）加盟的形式。这类代收点可以开展包裹代收、自提、代理验货、商品展示、目录销售、代收货款、退换货等服务。有人值守的代收货服务模式如图 8-7 所示。

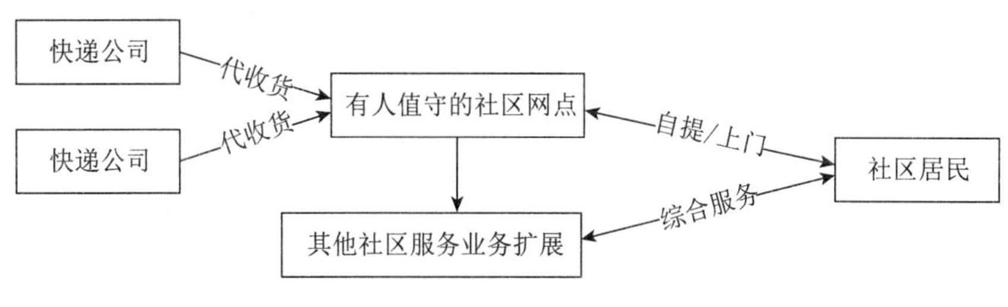

图 8-7　有人值守的代收货服务模式

②无人值守的快递箱模式。代收货业务还可以以快递箱的形式接收快件。这种模式无

须值守人员，也无须实体建筑，只需设置具有存放包裹功能的快递箱，并根据需求设计快递箱的数量和网格孔的尺寸大小。这种模式可以大幅提升快递员派送效率。快递箱有标准快递箱和智能快递箱两大类。智能快递箱是有扫码开箱等功能的快递箱，快递员交货后，可以将开箱密码发送给客户，客户凭密码开箱取货。

8.3.3 特定产品的专业服务模式

目前专业“最后一公里”物流服务的产品品类主要集中在大件电器产品、生鲜低温产品等。

（1）大件电器产品。

大件电器产品的“最后一公里”物流服务，一般需要具有延伸的安装功能，运输车辆以及装备和装卸等作业流程也需要专业化运营。

（2）生鲜低温产品。

生鲜低温产品的“最后一公里”物流服务需要合理的保温、监控手段，需要保证快递的时效性，同时还要解决交付的及时性问题。

8.3.4 特定区域的专业服务模式

（1）乡镇农村配送。

乡镇农村地区地域广大，居住密度相对较小，“最后一公里”物流服务需要设立实体物流配送网络，拓宽平台产品品类，同时注意扩展相应附加服务，如打造农村特色产品平台和开展双向物流。

（2）校园配送。

在校大学生集中在校园内部和周边，他们是电商物流服务相对集中的群体。校园“最后一公里”配送具有交付时间集中、门禁限制多等特点，可以通过集中配送、集中交付的方式提升终端配送效率。

8.4 跨境电商物流管理

8.4.1 跨境电商物流服务模式

（1）国际邮政小包。

国际邮政小包指通过万国邮政体系实现商品的进出口，并运用个人邮包形式进行发货。

①优势：邮政网络覆盖全球，比其他任何物流渠道覆盖面都要广，并且清关方便。由于邮政一般为国营，有国家税收补贴，所以价格便宜。

②劣势：递送时效慢，一般需要30~60天，丢包率较高，无法跟踪非挂号件，且在商品体积、重量、形状等方面局限性较大。另外，以私人包裹方式出境不便于统计海关贸易数据，无法享受正常的出口退税。

（2）国际快递。

跨境电商解决方案

国际快递以全球自建网络及国际化信息为支撑，对包裹运输信息的提供、收集与管理有很高的要求，典型企业有UPS（联合包裹速递服务公司）、FedEx（联邦快递）、DHL（敦豪航空货运公司）、TNT。国际快递针对不同的消费群体，根据国家地区、货物重量和体积大小，选用不同的渠道进行包裹速递。

①优势：时效性高、丢包率低、服务好，尤其是发往欧美发达国家非常方便。

②劣势：价格昂贵，尤其是偏远地区的附加费更高，价格资费变化较大，且不能速递含电等特殊类商品。

（3）国内快递的国际化服务。

跨境电商火热程度使国内快递也开始加快国际业务的布局，如EMS（邮政特快专递服务）、顺丰都拓展了跨境物流业务。

①优势：速度较快，费用低于国际快递企业，EMS清关能力较强。

②劣势：服务质量及派送时间与国际快递企业相比还有待提升。另外，由于并非专注跨境业务，相对缺乏经验，对市场的把控能力有待提高，覆盖的海外市场也比较有限。

（4）跨境专线物流。

跨境专线物流一般是通过航空包舱的方式将货物运输到国外，再通过合作公司进行目的地国的派送，货物送达时间基本固定，运输费用比快递物流便宜，同时保证双清，业内使用最普遍的是美国专线、欧洲专线、澳大利亚专线、俄罗斯专线等。

①优势：集中大批量货物发往目的地，通过规模效应降低成本，因此，价格比商业快递低，速度比国际邮政小包快，丢包率也比较低。如果跨境电商只做某地市场，对清关方面也有一定要求的话，跨境专线物流是不错的选择。

②劣势：相比国际邮政小包，运费成本高，在国内揽收范围相对有限，覆盖地区有待扩大。货物到国外以后，如果使用邮政小包，可能会出现递送延迟的情况，并且在这种情况下很少会为客户提供退货服务。

（5）规模化运输。

跨境商品聚集后进行规模化运输。采取这种模式的跨境电商企业一般有两种：第一种是跨境电商企业本身就从事国际贸易业务，并且资本相对雄厚，因此可以利用自身的运输渠道，将国外渠道采购的商品，配送给国内消费者；第二种是规模相对较小的外贸企业，通过联盟的方式，共同构建国际贸易物流运输渠道，通过规模化来降低联盟中单个企业物流成本。

①优势：有效利用规模优势并进行优势互补。

②劣势：运输周期较长，物流程序复杂，前期投入大量资金。

（6）海外仓储。

海外仓储是指由外贸交易平台、物流服务商独立或共同为卖家在销售目标地提供的货品仓储、分拣、包装、派送的一站式控制与管理服务。海外仓储使用的仓库被称为海外仓库，简称为海外仓，海外仓储费用公式如下：

海外仓储费用=头程费用+仓储及处理费+本地配送费用

①优势：有利于海外市场价格的调配；降低物流成本，可提供灵活可靠的退换货服务，提高了海外客户的购买信心；发货周期短，发货速度快，可降低跨境物流缺陷交易率；能够帮助卖家拓展销售品类，使"大而重"的商品也实现跨境销售。

②劣势：难以将海外仓滞销的商品和被退回且无法再次销售的商品退回境内，处理难度大、成本高。不是任何产品都适合使用海外仓，库存周转快的热销单品比较适合使用海外仓，并且对卖家在供应链管理、库存管控、动销管理等方面提出了更高的要求。

（7）边境仓。

边境仓是指在跨境电子商务目的国的邻国边境内租赁或建设仓库，通过物流将商品预先运达仓库，通过互联网接收客户订单后，从该仓库进行发货。

①优势：可以规避输入国的政治、税收、货币、法律等风险。

②劣势：配送时效略低于海外仓储。

（8）保税区、自由贸易区物流。

保税区或自由贸易区（以下简称“自贸区”）物流是指先将商品运送到保税区或自贸区仓库，通过互联网获得客户订单后，通过保税区或自贸区仓库进行分拣、打包等，并进行集中运输和物流配送。

①优势：可以缩短配货时间，降低物流成本，同时有政策优势。

②劣势：缺乏统一立法，管理体制滞后。

8.4.2 跨境电商物流服务模式的选择

影响跨境电商物流服务模式的选择的主要因素有以下几个。

（1）商品品类。

手机、电脑等高科技产品价值较高，重量较轻，更新换代较快，适合选择商业快递，其具有十分透明的信息机制，能够实现客户对物流信息的查询，时效性特别强，较为安全。

对于沙发、大型机器、私人豪华游艇之类的大件物品，其适合的物流模式应该是海外仓储。对于没有尺寸限制的物品，可以将其提前运送至海外仓，降低其单位运输成本，当物品批量进入他国关境时，在关税方面也会有优惠。

（2）物流总成本。

物流总成本包含以下几个方面：库存维持方面的费用、运输费用、采购费用、客户维持方面的费用等。在选择物流模式的时候，应该从总的物流成本出发，对所有的费用进行综合考虑之后尽量选择对企业最有利的物流模式。

（3）物流时效。

不同的物流方式的时效性存在明显的差别。物流时效能够代表一个企业的服务水平，也能够影响客户满意度。对于客户要求在极短的时间内运送到的商品，选择海外仓或国际快递的形式就能够保证商品的时效；对于时间方面要求不严格的商品，采用国际邮政小包形式可以节省成本。

（4）售后服务。

跨境电子商务在选择物流模式时要综合考虑，尽量使售后服务做到完善，提高服务水平，缩短售后服务在物流上花费的时间。

（5）国际快递优势。

DHL 在欧美地区、非洲地区、南美地区都有很大的优势；UPS 在东南亚地区有明显优势；FedEx 在中亚、东欧地区有清关能力强的优势。这几个国际快递都具有时效快、清关能力强的特点，但价格高。

8.4.3 海外仓的使用与选择

（1）海外仓的作用。

①提升曝光率，加快订单转化，增加销量。

②缩短运输时间，减少买家物流纠纷，缩短货物回款周期。

③扩大选品范围，海外仓拓展了跨境物流配送的适配性。

④降低卖家跨境物流成本，通过海运集装箱运输货物，借助规模效应，有效降低物流成本。

⑤升级售后服务，提高客户满意度。

⑥提高产品的售价，增加毛利。

（2）适合使用海外仓的商品。

①“三高”产品。对于体积超大、重量超限、价值超高的商品来说，直邮将无法满足其物流需求，可能是由于快递包裹无法被运送或费用太贵。

②品牌商品。品牌商品需要用品质和服务来实现品牌溢价，使用海外仓，可方便精品化管理。

③低值易消耗品。其是指非常符合本地需求的快消品，并且需要快速送达目的地。

（3）海外仓使用注意事项。

①费用。只有在选品合适和运营顺畅的条件下，海外仓综合成本才会低。若订单很少，平均仓租负担高，产品轻小价低，则可采取直邮方式。要仔细核算头程费用、清关税

费及配送费用等，不能单纯看仓租优惠。

②库存。货物在海外仓必须有一定存量，货物一旦发出去，就变成看不见摸不到的库存，过多的存货会占用企业大量现金流。卖家要做好库存分析和销售周期的把握，避免商品滞销、脱销的情况出现。

③运营风险。因为是贸易出口+境外本地运营，商品必须符合进口国质量标准，使用海外仓的关键是要选好有信誉的本地服务商。

（4）第三方海外仓的选择。

选择第三方海外仓基于其是否具备以下几种专业能力。

①运输能力。保证稳定的头程舱位和高质量的操作水平。

②海内外贸易清关。符合各国海关政策法规的各项要求。

③仓储管理水平。电商对仓储库存以及订单处理的准确率要求很高，要能处理每日大笔的订单量以及高频率的退货。

④信息管理技术。平台抓单、库存管理、先进先出、批次要求等必须有连贯的系统进行支持，库内的拣选、包装、发运等环节需采用自动化技术，以提升服务效率及可靠性。

⑤服务水平。在努力提供全程一站式“门到门”服务的同时，要加强本地化举措，或者可以专攻特定的垂直品类，同步海外仓新政策，对接某些新平台，拓展尾程物流渠道等。

8.4.4 海外仓的作业流程

海外仓作业流程一般分为三段式：头程——国内集货送到海外仓；清关——订单操作及库存管理；尾程——出仓配送及售后服务。

海外仓实战案例

（1）头程。

头程备货送仓时，卖家可以选择自送或全程使用海外仓服务商提供的服务。海运拼箱或整柜是国际段主要物流方式，空运头程更适合紧急补货。如果自送，卖家要在提交海外仓入库单时，明确货物明细及运输方式、承运商、运单号等信息，自行安排货物的国内外清关及税费支付，并以税后交货（Delivered Duty Paid，DDP）的贸易模式交货。

（2）清关。

不同邮递方式的清关方法不同。直邮走邮政清关方式，借用海外仓进行批量发货大宗货物贸易清关方式。海外仓 BBC 出口服务模式（B 商家、B 海外仓、C 海外买家）比跨境电商 B2C 直邮出口更加方便操作，服务商可以为卖家提供通关、收汇、退税、融资等一站式服务。进口清关首要的是确认卖家所有货物符合目的国相关质量参数及安全标准等，货物入境通常由收货方或相关代理完成清关，价格必须如实申报，申报要素要完整。

（3）尾程。

尾程主要关注以下方面。

①关注订单处理时效，考虑时差，24 小时内应及时拣货、包装、出库。

②关注配送渠道的选择，考虑客户要求、淡旺季等因素。

③及时追踪反馈，完成发货后，海外仓及时提供配送物流单号，卖家上传平台。海外仓要辅助提供查询，监控投递或退回情况，便于卖家掌握相关信息。

海外仓可以帮助卖家处理很多售后问题，提供很多增值服务。如果被退回的货物由于残损而无法进行二次销售，则只能放到坏货区待销毁。若还可以进行二次销售，则二次上架，并优先匹配销售订单发货。由于退货的隐性成本太高，应尽可能降低退货率。

8.5 小结

本单元主要介绍了电商物流管理的相关内容，包括电商物流概述、电商物流服务组织模式、电商物流终端服务模式以及跨境电商物流管理等。

电商物流概述一节介绍了电商物流的概念和主要特点。电商物流服务组织模式一节进一步介绍了电商企业的不同物流服务组织模式，包括自营配送中心与快递服务、自营配送中心与自营核心城市快递服务、自营配送中心与第三方快递服务、第三方配送中心和第三方快递服务。电商物流终端服务模式一节聚焦终端服务，依次介绍了快递类的创新服务模式、平台类的创新服务模式、特定产品的专业服务模式和特定区域的专业服务模式。跨境电商物流管理一节主要介绍了当前跨境电商物流服务模式与选择、海外仓的使用与选择、海外仓的作业流程内容。

思考题

1. 电商物流具有哪些鲜明的特征？这些特征产生的原因是什么？

2. 电商企业关于物流组织模式的选择有哪些？

3. 快递类和平台类的电商物流终端服务模式分别有哪几种？

4. 跨境电商物流服务主要有哪些服务方式？各自的优劣势是什么？

单元1
概　述

单元2
需求预测

单元3
物流网络规划

单元4
客户服务与
订单管理

单元5
库存管理

单元6
配送与外包管理

单元7
逆向物流管理

单元8
电商物流管理

单元9
大宗商品
物流管理

单元 9　大宗商品物流管理

本单元学习目标

通过学习本单元，你应该能够：

1. 了解鲜活农产品物流的特点，掌握鲜活农产品物流管理重点；
2. 了解钢铁物流的特点，掌握钢铁物流管理重点；
3. 了解冷链物流的特点，掌握冷链物流管理重点；
4. 了解医药物流的特点，掌握医药物流管理重点；
5. 了解危化品物流的特点，掌握危化品物流管理重点。

9.1　鲜活农产品物流管理

9.1.1　鲜活农产品物流及其特点

鲜活农产品物流是指对鲜活农产品进行生产、加工、储运、分销、配送等，对从生产地至消费者手中的产品的全生命周期进行控制与管理。

鲜活农产品物流的影响因素如图 9-1 所示。

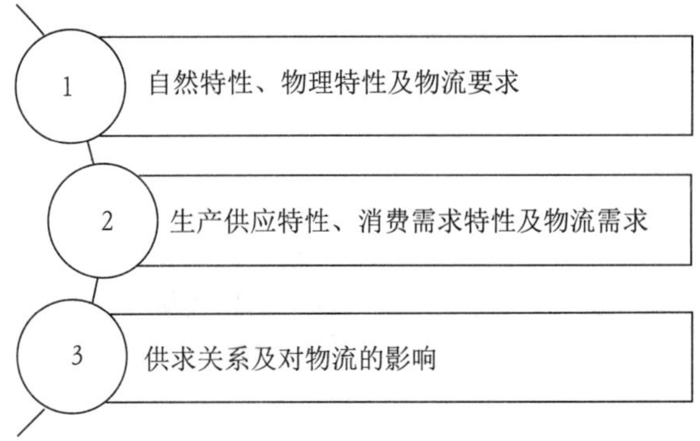

图 9-1　鲜活农产品物流的影响因素

（1）自然特性、物理特性及物流要求。

易腐、易损性是鲜活农产品区别于一般工业品的自然特性和物理特性，这使鲜活农产品集散的物流半径及时限受到一定限制，物流运作难度和成本加大。此外，多数鲜活农产品最初产品形状、规格、质量参差不齐，体积大，单品价值低，导致鲜活农产品物流标准化运作难度大。

（2）生产供应特性、消费需求特性及物流要求。

鲜活农产品生产以小规模的家庭生产为主，在地域上具有分散性，无法实现规模经济，交易成本很大。鲜活农产品生产还具有很强的季节性，年度波动较大，与消费需求的四季均衡性相矛盾，需要设置适合的存放环境来延长产品的保质期。

（3）供求关系及对物流的影响。

鲜活农产品的供应总量受主观人为因素（如预计价格高时多安排生产）以及客观天气等环境因素影响，市场供求关系处于不稳定状态。但需求相对稳定，多数鲜活农产品需求量随价格波动的弹性相对有限。鲜活农产品供需数量、供需时间、供需地点的诸多矛盾，迫切需要物流运作来弥补差异，调剂余缺。

相对于一般工业品物流，鲜活农产品物流需要更多技术先进的存储、运输设备，物流运作中更强调要反应敏捷并缩短时限，这些大大提高了物流系统的固定成本和变动成本。此外，由于多数鲜活农产品价格低廉，因此限制了其对物流成本的承担极限。

9.1.2 鲜活农产品分销渠道及物流模式

我国鲜活农产品的流通主体和流通渠道是从传统的统购统销体系发展而来的，现行鲜活农产品物流渠道及模式呈现多样化趋势。目前我国鲜活农产品具有传统流通渠道、连锁业态现代流通渠道、电子商务网络流通渠道等多种通路。鲜活农产品分销渠道如图 9-2 所示。

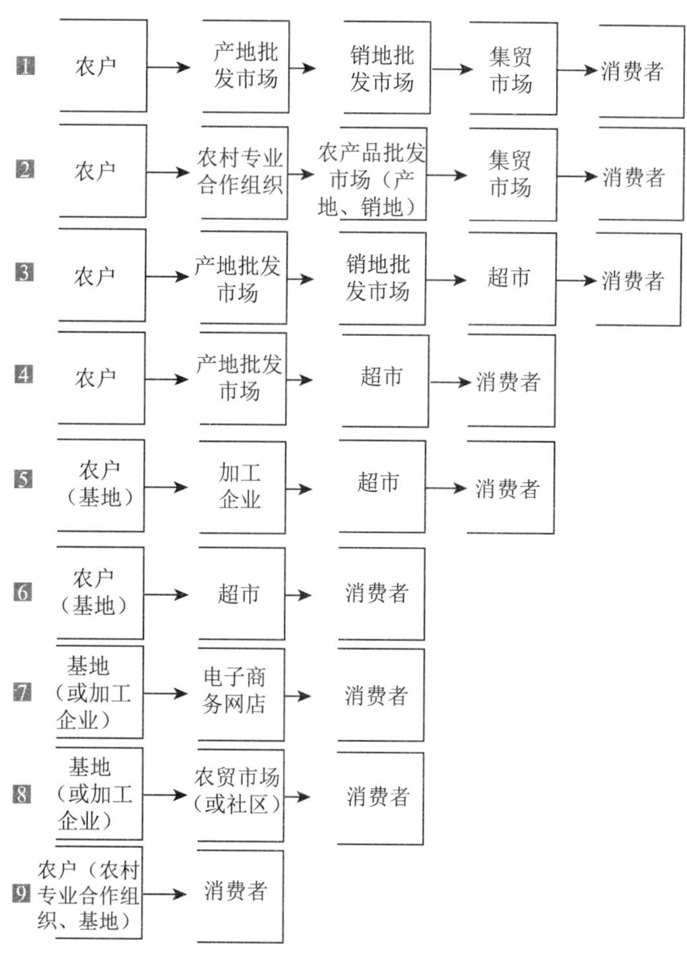

图 9-2 鲜活农产品分销渠道

在我国，一个鲜活农产品物流主体可能同时处于多条物流渠道当中，物流渠道之间往往交错复杂。多数物流渠道中，从农户到消费者所经历的中间环节较多，多重中间商的参与往往会加大物流信息的沟通难度，增加物流延迟时间，提高物流费用。

近年来，我国大力进行农产品批发市场和农贸市场建设，连锁经营模式也得到了一定发展。总体来说，竞价成交的农产品批发市场作为大批量农产品的集散中心，已经成为我国农产品流通的主渠道。

随着大型连锁零售业的快速发展，一些超市开辟了我国鲜活农产品的现代流通通路。随着超市大型化、规模化、网络化发展格局的形成，超市从产地直采的份额越来越多，鲜活农产品流通渠道缩短为“基地—超市—消费者”的比例不断增加。

电子商务网店的兴起为鲜活农产品提供了新的销售平台。

从整体情况看，与家电类产品和快速消费品等相比，目前我国鲜活农产品流通渠道总体费用较高，渠道较长。

9.1.3 鲜活农产品物流问题分析

压缩流通中的非增值环节，提升物流供应链运作效率，缩减物流时间和成本费用，是我国鲜活农产品流通渠道改革中的重点和难点。造成我国鲜活农产品物流费用高、效率低的主要原因如下。

（1）流通观念落后，现代物流起步晚。

（2）市场发育程度低，多数批发市场功能单一。

（3）物流主体规模小，物流流程分割运作。

（4）农村交通网络及多式联运不发达，物流处于分割状态。

（5）冷链设备少，技术落后，冷链管理脱节严重。

（6）社会化配送中心数量少、规模小。

（7）第三方物流份额少，功能单一。

（8）信息化程度低，增值能力弱。

9.1.4 鲜活农产品物流发展趋势

（1）“农超对接”物流模式。

“农超对接”是鲜活农产品“超市+基地”的供应链模式，即大型连锁超市直接与鲜活农产品产地的农村专业合作组织对接。

（2）批发市场为核心的物流模式。

批发市场为核心的物流模式以小规模、分散的农户为市场主体，其力量薄弱，必须依靠农村专业合作组织来提升他们的竞价能力和运作水平，构建连贯的鲜活农产品物流供应链，实施一体化管理，提升物流供应链的效率，降低成本。

（3）农产品冷链物流。

农产品冷链物流是指使肉禽、水产、蔬菜、水果、蛋等鲜活农产品从产地采收（或屠宰、捕捞）后，在产品加工、贮藏、运输、分销、零售等环节，始终处于适宜的低温控制环境下，可以最大限度地保证产品品质和质量安全，减少损耗，防止污染。

9.2 钢铁物流管理

9.2.1 钢铁物流运作模式

钢铁物流的运作模式与钢材流通密切相关，最终由市场需求层次、产品结构及特性来决定。钢铁物流主要运作模式如图 9-3 所示。

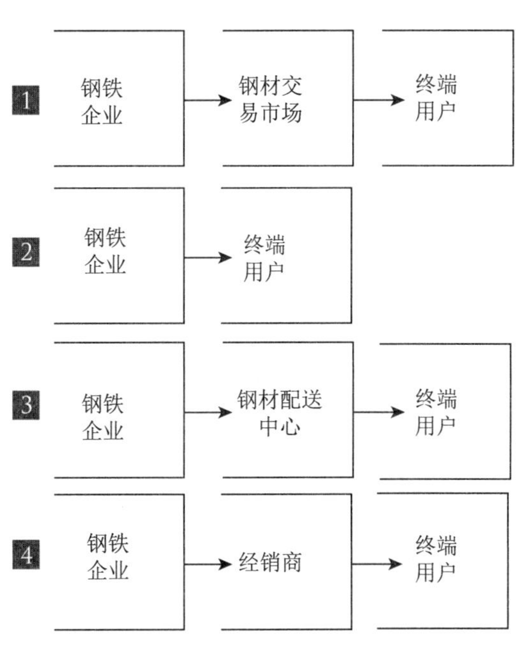

图 9-3　钢铁物流主要运作模式

（1）“钢铁企业—钢材交易市场—终端用户”模式。

此流通模式具有以下特点。

①钢材交易市场具有很强的区域性。

②钢材交易市场起到了整合物流资源的作用。

③钢材交易市场中常用的钢材品种规格有上千种，用户在市场内可以做一揽子交易，减少了采购费用。

④钢材交易市场为中小企业提供了生存环境，也创造了通过有序竞争整合发展的条件。

⑤遍布各地的钢材交易市场聚集了数以万计的钢材流通企业，已经成为沟通钢材供需的枢纽。

⑥钢材交易市场的开办单位经过多年经营，集聚了物流资源和管理人才，具备成为钢铁第三方物流企业的优势条件。

（2）“钢铁企业—终端用户”模式。

大型钢铁企业面对下游需求连贯、采购量大、采购频率高的大用户，采取直供方式，并为其提供专业性强、技术含量高的产品。

（3）“钢铁企业—钢材配送中心—终端用户”模式。

在一些发达国家，剪切加工配送是钢铁流通的主要方式之一，它与信息流、资金流、商流、物流密切相关。

我国各地钢材配送中心基本类型有以下几种。

①钢铁企业建设配送网络。

部分大型钢铁企业为了在全国主要的钢材消费地建立加工中心体系，构筑一个能够向国内外用户提供迅速的钢材配送和高质量服务的物流体系，以延伸产品规格范围、提高直供用户比例、为用户提供更为便捷和优质的服务为目的，在全国范围内兴建钢材配送中心。

②经销商建立配送中心。

部分有实力的钢材经销商积极将经营触角拓展至钢材物流领域。国内一些专业仓库、铁路专用线在现有的专业仓储基础上，配套建设横剪、纵剪设备，为钢材终端用户提供钢材加工配送服务。

③终端用户自建加工中心。

终端用户自建分条、横切、冲片、套裁、激光焊接生产线，在满足自用后，向社会提供加工配送服务。

(4)“钢铁企业—经销商—终端用户”模式。

根据经销商的类型，此类模式可分为以下四类。

①代理商。

代理商自己不备库存，以现货合同交易为主，从下游企业接订单，然后向上游企业订货，货到后直接发给下游企业。

②经销商。

经销商对钢厂依赖性较大，对钢厂的选择主要集中在价格、返利、市场建设等具有吸引力的营销政策上。

③分销商。

分销商订购产品是从一级、二级代理商和比较大的经销商购货，直接把货物供给用户，自己不备库存，只是简单进行搬运销售。

④物流服务提供商。

国内大中型流通企业逐渐向提供综合型服务的方向发展，该类型企业凭借市场战略优势、先进的经营理念、现代化的管理手段及雄厚的资金实力，进行跨企业协同，充分整合社会资源，采用会员制、仓单质押和加盟联营等灵活方式，建立采购和销售的物流平台，提供钢材加工、配送等业务，并引入物流服务。

9.2.2 钢铁物流发展趋势

(1)“销售+加工配送”模式发展势头迅猛。

用户对钢材的品种、规格、尺寸等都有具体的要求，而且各不相同，因此需要通过剪切、加工、配送来提高钢材的利用率，越来越多的行业需要钢材加工配送服务来提高产品的附加值。

随着我国制造业的快速发展，大量的中小型制造企业的钢材需求将主要通过钢材交易市场、配送中心来满足，因此销售与加工配送相整合的营销模式将有着较为广阔的发展空间。

（2）大型、特大型钢铁企业向流通领域延伸。

①大型、特大型钢铁企业不断向钢铁产品深加工、专业性钢材物流领域延伸，从而适应下游行业中大型、特大型生产制造企业发展的需要。

②钢铁企业依据产品的特性选择流通方式，对技术含量高、需要进行延伸服务的产品采取直销模式。

③钢铁企业要依据用户属性选择流通方式，对需求连续、采购量大、采购频率高的大型用户实施直接销售，对分散的中小型用户则是通过经销商或钢材交易市场来进行市场覆盖，并委托经销商进行必要的产品售后服务。

（3）钢材经销商转型物流服务商。

进一步扩展钢材经销商的职能，以信息转移、实物转移、资金转移为特色的专业化分工不断深入。

①经销商的职能将扩展到信息集散中心、实物集散中心、支付交易集散中心等更高的服务层次。

②经销商数量将大幅度缩减，从而涌现出一批集加工、配送、仓储、运输、销售于一体的大型钢材流通企业。

③经销商的经济行为与现代服务业进一步融合，并积极参与到国际贸易中。

（4）钢材交易市场综合物流功能将进一步拓展。

钢材交易市场在发挥市场职能的同时，成为具有很强辐射功能的钢材集散枢纽和物流中心。

①大型或超大型交易市场会通过各种手段增强对其他地域的辐射，并逐渐以托管、连锁经营、股份制等形式扩张，实行规模化、集团化经营。

②钢材交易市场内的经营模式将由摊位制向电子商务转变，交易市场为入驻企业提供行业信息、电子交易、仓储管理、加工配送、质押融资等“一站到位”式服务。

③交易市场通过构建信息管理平台，将一些中小型经销商结为具有共同利益追求、受统一规则约束的利益共同体，以“虚拟企业集团”的模式在本市场内进行专业分工与协作，共同提高本交易市场的竞争力。

（5）钢铁物流中心或园区发展势头不减。

新兴的钢铁物流中心或园区，都具备了现货、加工配送、电子交易、综合信息、金融服务、担保等综合性的功能，其主要有产地型、消费地型、交通枢纽型三种类型。

9.3 冷链物流管理

9.3.1 冷链物流及冷链物流系统

冷链物流也称低温物流，是指冷藏冷冻类食品及药品等在生产、贮藏运输、销售，到消费前的各个环节中始终处于规定的低温环境下，以保证食品质量、减少食品损耗的一项系统工程。

冷链物流的适用范围与品类：果蔬、肉、禽、蛋、水产品、乳制品、花卉产品等，速冻食品等包装熟食和快餐原料等，以及温控医药品和部分危化品等。

与常温物流相比，冷链物流事关食品、药品等的品质安全，并具有运作成本高、专业性强等特点，是一项复杂的系统工程。冷链物流系统是为了实现冷链物流的目的，将低温储藏和运输设备与技术方法以及管理手段相互结合，有机衔接上下游各个环节，有效完成冷链产品的储存、运输等物流活动的保障系统。

9.3.2 冷链物流的运作主体和主要运作环节平台

（1）冷链物流的运作主体。

初级农产品、加工食品等各类冷链产品的流通模式不尽相同，不同流通模式涉及的物流运作主体也有所不同。一般来说，冷链物流运作主体有生产加工企业、批发企业、零售企业、电商平台、第三方冷链物流企业。

（2）冷链物流的主要运作环节平台。

冷链物流的主要运作环节包括预冷处理、冷冻加工、冷藏储存、冷藏运输和配送以及冷藏（冷冻）销售等。各环节相互协调配合，实现全过程严格控温以保证冷链产品品质。

①预冷处理是冷链的起点。大部分农产品，如果蔬、肉类等在经过预冷处理后，才会进入冷冻加工和冷藏储存环节，因此预冷工作质量直接影响后续冷链物流作业。预冷设施设备主要有各种真空预冷机、压差预冷机和预冷保鲜库等。

②冷冻加工通过低温状态下的一系列加工工作，可提升冷链产品特别是速冻加工食品

的使用效能，如果汁的冷冻浓缩、速冻蔬菜的分包、速冻水产品的装袋等。这一环节主要涉及冷却、冻结及低温加工相关设备。

③冷藏储存作为冷链物流中的重要环节，可通过冷库和库内相关设备，实现产品在规定的低温要求下储藏的目的。不同产品所要求的储藏温度不同，如冰激凌等冷冻食品的冷藏温度要在-18℃以下，部分冻鱼、冻肉及冰鲜水产品的温度一般要求为-18～0℃，而果蔬等易腐产品则需在0～8℃的条件下储藏。

④冷藏运输和配送对保证产品在物理位移过程中始终保持低温状态起到关键作用。一般来说，长途运输有公路、铁路以及航空等多种方式，而短途配送采取公路方式。我国的运输和配送是冷链最为薄弱的环节，脱链现象较为严重。

⑤冷藏（冷冻）销售环节包括冷链产品进入批发零售环节的低温贮藏、展示和销售，通常由批发商或零售商完成。随着我国连锁商业的快速发展，各类商场和超市正在成为冷链产品的主要销售渠道。

9.3.3 冷链物流的特点

由于冷链物流运输对象的特殊性，使冷链物流有着区别于其他物流的几个特点，如图9-4所示。

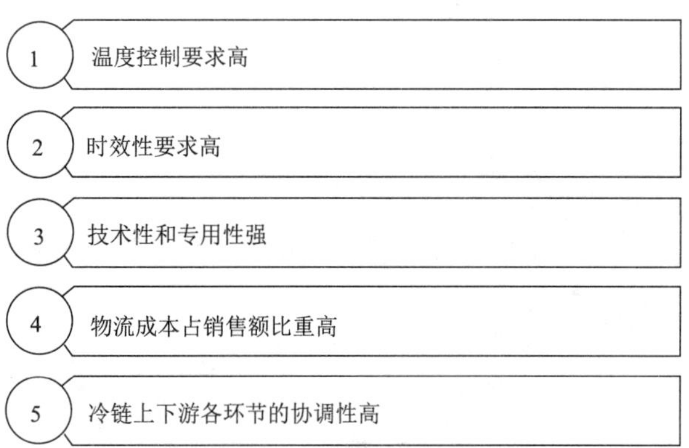

图9-4 冷链物流的特点

（1）温度控制要求高。

冷链物流也称为低温物流，就是要在低温环境下完成产品的物流和销售全过程。

（2）时效性要求高。

应在规定的时间内进行储藏并送达销售场所，需要严格掌控销售环节的货架期。在储藏、流通加工、运输以及销售的各个环节必须考虑鲜活农产品和生鲜食品在品质保障下的时效性要求。

（3）技术性和专用性强。

在整个冷链物流过程中，冷链物流技术含量较高，运营成本较高，要使用特殊的低温储藏和运输物流设备，作业难度较大。

（4）物流成本占销售额比重高。

由于冷链物流要使用特殊的低温物流设施设备，因此设备投资大；由于在储藏和运输过程中要消耗较多的能源，因此运营成本较高，物流成本占产品销售额的比重相对较高。

（5）冷链上下游各环节的协调性高。

冷链物流需要各环节之间实现无缝衔接，以保证冷链产品在适宜的温度、湿度且卫生的通道中顺畅地流通。要完善冷链信息系统功能，充分发挥有效的信息导向作用，保证冷链产品流向的顺畅。

9.3.4 冷链运作流程

目前我国农产品、食品等冷链产品的主要流通渠道是批发市场、超市和电商，不同流通渠道下的冷链物流流程有所不同。

（1）批发市场流通渠道。

产品由农户、生产基地或加工企业进行预冷和加工处理后，通过冷链运输运往各级批发市场，并在批发市场冷库设施内进行冷藏仓储，最终配送至农贸市场或餐饮企业以满足消费者需求。如图 9-5 所示。

该渠道物流环节众多，产品送达消费者手中所需时间较长。加之我国大多数批发市场冷链硬件设施不完善，因此冷链物流效率较低，物流耗损较大。

（2）超市流通渠道。

产品在生产基地或加工企业进行预冷和加工处理后，直接（或经由冷链物流配送中心）送达超市终端，如图 9-6 所示。该流程实现了点对点的高度整合，减少了物流环节，降低了冷链产品的损耗，并较好地适应了订单农业、农超对接等新型农产品流通方式的物流运作需要。

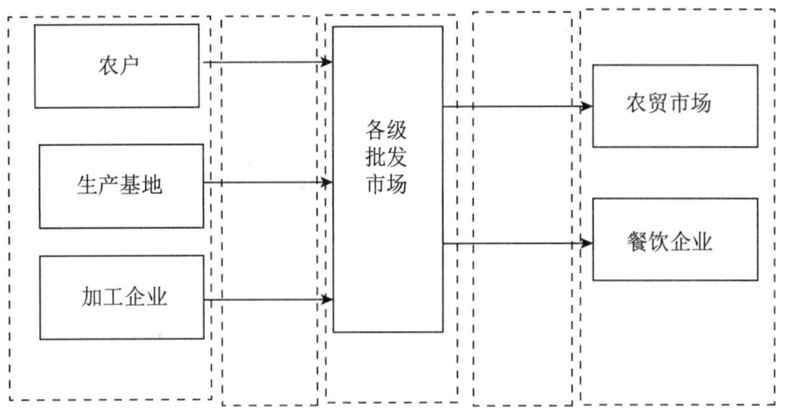

图 9-5　批发市场流通渠道下冷链物流流程

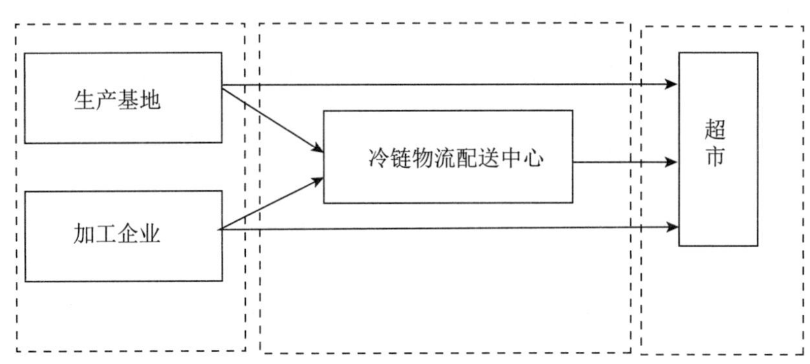

图 9-6　超市流通渠道下冷链物流流程

（3）电商流通渠道。

冷链产品通过电商网站销售给消费者。对于平台类电商，通常由供应商从产地直接将生鲜产品发货并送达消费者，物流通常委托给第三方物流服务商，电商仅仅是线上的营销和交易平台。对于自营生鲜业务的垂直类电商，往往通过产地直采或自建基地等方式，参与冷链物流的部分运营，如图 9-7 所示。

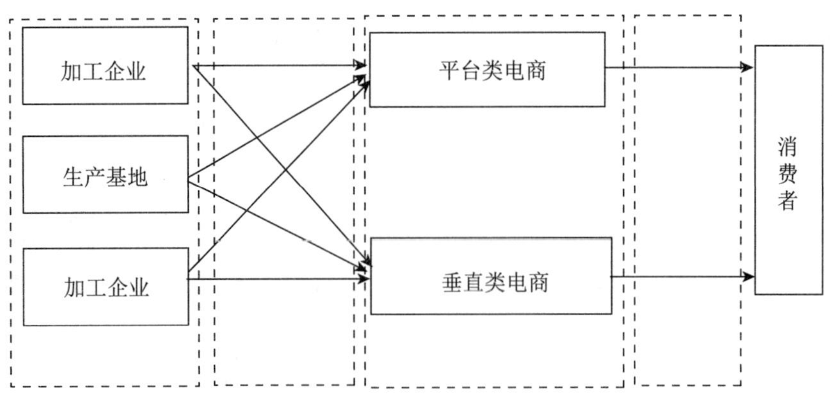

图 9-7　电商流通渠道下冷链物流流程

9.4 医药物流管理

9.4.1 医药物流概述

医药物流是应用先进的管理理念，依托各种现代化的信息技术和设施设备，对医药品及相关信息进行计划、管理、控制，实现医药品及相关信息从供应者到需求者之间的有效流动。

医药物流是以医药品生产为起始端，经过医药品流通渠道，最终到达消费者手中的过程。广义的医药物流则将起始端向医药品原材料供应商延伸，涵盖原材料供应、生产、流通、最终消费者等环节。

医药品的生产流通是一个十分复杂的体系。国产药、合资药和进口药的流通模式和流通环节各不相同，不同模式下的医药品物流运营也各不相同。总体来看，医药物流运作主体一般主要包括药厂、代理商、经销商、医院和药店。

9.4.2 医药品分销渠道现状

（1）基于传统三级批发模式转型后的批发销售模式。

传统的医药站、医药公司转型后形成了医药批发公司，这些医药批发公司有较强的医院覆盖能力，而且在本地有终端市场的开发能力，其是新药或处方药理想的购销代理和推广代理，其在覆盖医院的同时还有较完善的零售连锁网络，并可控制相当一部分分散的零售药店。

（2）基于全国总经销、区域总代理以及办事处的销售模式。

①全国总经销模式。

全国总经销模式即生产企业将某一品种或若干品种在全国的销售权，全权交给某一机构或个人。制药企业只管生产符合国家规定的药品。从规模效益、未来的发展和供应链的角度看，这种模式符合供应链的发展方向，比较容易实现第三方物流。

②区域总代理模式。

区域总代理模式指的是制药企业通过招商或加盟的形式将产品以供应底价的现款现货

方式出售给组织或个人，而组织或个人与制药企业即供货方达成区域总经销协议，获得该产品在某一特定区域的销售权，成为在该区域的独家总代理商。该模式是目前中国医药销售的主体模式。

③办事处销售模式。

制药企业自己做终端，即制药企业的销售公司下设办事处，从事药品的销售工作。

（3）大卖场和连锁经营等销售模式。

①大卖场模式。

大卖场模式具有较强的销售能力，这种销售模式在大中城市医院开拓力度较差，社区医疗和农村市场是开拓的重点。

②连锁经营模式。

大型医药零售连锁店一般均有较高的管理水平，经营品种齐全，并且有分散的零售药店不断加盟，这种销售模式是非处方药（Over The Counter，OTC）、普药甚至是临床应用一定时期后的处方药所不可忽视的分销模式。连锁经营已成为药品销售的重要终端，并有可能成为发展潜力最大的零售物流模式。

（4）电子商务与医药物流整合的物流模式。

电子商务与医药物流整合的物流模式充分利用信息技术，将电子商务与传统的医药分销产业相结合，形成先进的医药销售模式。

9.4.3　我国医药物流服务模式

我国医药物流服务模式大致有自营物流模式、外包物流模式、自营加外包物流模式和自营与对外服务相结合的物流模式。

（1）自营物流模式。

自营物流模式主要是指制药企业和医疗机构自己完成物流流程，具有对物流环节的控制性较强、自主掌握分销渠道、减少商业机密和知识产权泄露等优点，但同时也存在占用资金过高、无法专注核心业务等问题。

（2）外包物流模式。

外包物流模式即第三方物流服务模式，是指制药企业、药品商业企业和医疗机构将物流活动全部外包给专业的物流公司，由第三方物流企业提供专业化物流服务的模式。

（3）自营加外包物流模式。

我国第三方药品物流企业仍处于起步发展阶段，制药企业、医疗机构、药品商业企业仍处于药品物流服务需求逐步外包化的进程中，因此自营加外包物流结合的物流服务模式成为现实生活中很多药品物流需求主体的选择。

（4）自营与对外服务相结合的物流模式。

大型商业企业纷纷从“重商流、轻物流”向现代物流转型，在完成本集团或公司的药品物流服务基础上，利用广泛布局的区域性药品物流中心、强大的物流运输网络、高效的物流服务管理体系和先进的物流技术平台为制药企业、药店、医疗机构和其他小型医药商业企业提供第三方物流服务。

9.4.4 我国医药物流发展趋势

随着医药商业领域多级分销体制逐渐扁平化，商业企业兼并重组现象不断出现。我国医药物流主要呈现出以下几种趋势。

美国药品零售物流的启示

（1）物流资源进一步整合优化。

随着原来分散的物流资源向规模化、集约化方向发展，医药流通渠道将向扁平化的方向发展。

（2）医药冷链物流呈现较快发展趋势。

医药冷链物流市场需求逐步升温。国家出台相关政策支持医药物流行业，重点规范和发展冷链物流，一些专业医药冷链物流企业开始加快发展步伐，医药冷链物流具有广阔的成长空间。

（3）两级医药物流模式发展呈上升趋势。

“一级大型物流中心”加“二级配送中心”的两级物流模式逐渐被多数大型制药企业看好。一级大型物流中心是指由大型医药流通企业或制药企业建立的跨区域物流中心，目的是整合物流资源。二级配送中心是指省、地市、县的二三级批发、零售企业，利用已有的物流资源或者新建配送中心，直接面对终端客户，与上级物流中心配合形成二级物流网络。

9.5 危化品物流管理

9.5.1 危化品定义

危化品即危险化学品，是指具有易燃、易爆、有毒、有害和放射性等特性，在运输装卸和储存保管过程中易造成人员伤亡和财产损毁而需要特别保护的化学物品。

9.5.2 危化品物流管理

危化品物流管理是指危险化学品生产经营过程中物流相关活动的管理。这其中不仅包括对产品本身、运输过程和仓储过程进行安全管理，还包括与上述环节之间密切联系的相关环节的安全管理，以提高效率，降低成本，保证安全（见图 9-8）。

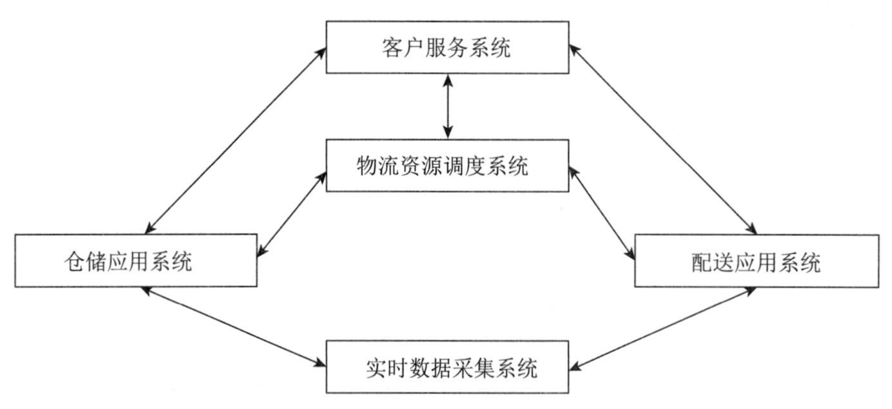

图 9-8 危险品物流管理体系框架

9.5.3 危化品物流管理的特点

（1）安全第一，效率服从安全。

（2）重效率，更重效果，以企业整体最优为目的。

（3）以实现客户满意为第一目标。

（4）以信息为中心。

9.5.4 危化品物流管理的对策

（1）合理规划危险源布局，建立健全相关法规。

（2）参考国外经验，建立行业规范标准。

（3）对从业人员进行专业知识培训。

（4）建立关键控制点和控制体系。

（5）大力发展专业化物流公司。

（6）积极开发危险品物流信息平台。

9.5.5 危化品物流安全技术措施

（1）仓储防火、防爆对策措施。

①防止可燃可爆系统的形成。

②消除、控制引燃能源。

③有效监控和及时处理。

（2）电气安全对策措施。

①安全认证：电气设备必须有国家指定机构的安全认证标志。

②备用电源：在停电能造成重大危险后果的场所，必须按照规定配备自动切换的双路供电电源，或者备用发电机组来保证电源供应。

③防触电对策措施：保证电气设备安装质量，加强用电管理、定期维护检修、严格遵守操作规程，带电工作必须配备绝缘设备等。

④防静电对策措施：配备防静电工作服，安装接地栏杆等。

⑤防雷对策措施：完善接地系统，合理布线，分流限压等。

（3）电离辐射对策措施。

①外照射源应符合有关标准和规定。

②安装与设备的电气控制回路连锁的辐射防护门。

③在可能发生空气污染的区域，必须设有全面或者局部的送风、排风装置。

④当工作人员进入辐射工作场所时，必须根据需要，穿戴相应的个体防护用具。

⑤开放型放射源工作场所入口处，一般应设置更衣室、淋浴室及污染检测装置。

⑥应该有完善的监测系统和满足特殊需要的卫生设施。

9.6 小结

本单元立足于各行业的特点，分别介绍了鲜活农产品、钢铁、冷链、医药以及危化品物流管理的相关内容。

鲜活农产品物流管理一节依次介绍了鲜活农产品物流的特点、分销渠道及物流模式，分析了当前鲜活农产品物流所面临的问题和未来的发展趋势。钢铁物流管理一节介绍了当前钢铁物流模式和发展趋势。冷链物流管理一节介绍了冷链物流的概念、运作主体和主要运作环节平台、特点以及运作流程等方面的内容。医药物流管理一节从医药品分销渠道、医药物流服务模式和未来发展趋势三个方面介绍了医药行业物流的基本内容。危化品物流管理介绍危化品定义以及危化品物流管理的内涵、特点、对策和安全技术措施等方面内容。

思考题

1. 鲜活农产品物流模式及水平受到哪些因素的影响？
2. 钢铁物流未来的发展趋势是什么？
3. 冷链物流包括哪些环节？各环节的主要内容是什么？
4. 我国医药物流分销渠道有哪些？未来的发展趋势是什么？
5. 危化品物流安全技术措施包括哪些？

参考文献

［1］甘卫华．逆向物流［M］．北京：北京大学出版社，2012.

［2］吴健．电子商务物流管理［M］．北京：清华大学出版社，2013.

［3］叶晗堃．跨境电子商务运营与管理［M］．南京：南京大学出版社，2016.

［4］孙明贵．销售物流管理［M］．北京：中国社会科学出版社，2005.

［5］刘同利．销售物流管理［M］．北京：中国物资出版社，2011.

［6］翁心刚，安久意．销售物流［M］．北京：中国财富出版社，2013.

［7］张志乔．物流配送管理［M］．北京：人民邮电出版社，2014.

［8］高职高专规划新教材编审委员会．物流配送管理［M］．武汉：武汉大学出版社，2011.

［9］傅莉萍．第三方物流管理［M］北京：清华大学出版社，2015.

［10］唐纳德 J. 鲍尔索克斯，戴维 J. 克劳斯，M. 比克斯比·库珀．供应链物流管理［M］．马士华，张慧玉，译．北京：机械工业出版社，2014.

［11］黄中鼎．现代物流管理学［M］．上海：上海财经大学出版社，2004.

［12］大卫·辛奇-利维，菲利普·卡明斯基，伊迪斯·辛奇-利维．供应链设计与管理：概念、战略与案例研究［M］．季建华，邵晓峰，译．北京：中国财政经济出版社，2004.

［13］郎会成，蔡连侨．物流经理业务手册：掌握工作方法与技巧的捷径［M］．北京：机械工业出版社，2002.

［14］陈远高，郭燕翔．物流运营管理［M］．北京：中国物资出版社，2009.

［15］周永明．论物流增值服务的含义及实施途径［J］．改革与战略，2007，23（11）：106-108.

［16］叶伟龙．基于细分市场的第三方物流企业商业模式研究［D］．大连：大连海事大学，2009.

［17］李建忠，江涛，史越瑶．高竞争环境下物流企业发展环境分析和商业模式选择［J］．中国经贸导刊，2014（29）：15-18.

［18］王宇．危险化学品物流［M］．北京：化学工业出版社，2010.

［19］曹泽洲．物流配送管理［M］．北京：北京交通大学出版社，2010.

［20］赵敏．农产品物流［M］．北京：中国物资出版社，2007.

［21］霍红，沈欣，牟维哲．物流外包管理［M］．北京：化学工业出版社，2012.

［22］蓝伯雄，郑晓娜，徐心．电子商务时代的供应链管理［J］．中国管理科学，2000，8（3）：2-8.

［23］周蕾．物流技术与物流设备［M］．北京：中国物资出版社，2009.

［24］周跃进．物流网络规划［M］．北京：清华大学出版社，2008.

［25］魏际刚．促进我国医药物流发展的政策建议［J］．中国流通经济，2007，21（3）：15-17.

［26］宋远方，宋华．医药物流与医疗供应链管理［M］．北京：北京大学出版社，2005.